第 **04** 辑

电动汽车

〔日〕晶体管技术编辑部　编

EV编辑部　译

科学出版社

北 京

图字：01-2017-3336号

内 容 简 介

本书是《电动汽车》技术专辑的第4辑，主题是锂离子电池的实践研究，主要内容包括锂离子的行为与电极材料的选择、热问题的考量及热失控的预防、电池容量减小的原因及对策、锂离子电池的制作与测试；双电层电容器的特性与快速高效率充放电；无刷发电机的制作及特性测试；驱动电机／控制器的选型，还介绍了德国学生EV方程式的先进性。

本书可用于本科、高职高专院校的电机、电子、汽车相关专业的教学，可用于电动车行业的入职培训，也可用作创客、创新比赛的参考书。

图书在版编目（CIP）数据

电动汽车. 第4辑/(日)晶体管技术编辑部编；EV编辑部译.—北京：科学出版社，2018.4

　ISBN　978-7-03-057104-5

　Ⅰ.电…　Ⅱ.①晶…　②E…　Ⅲ.电动汽车–研究　Ⅳ.U469.72

中国版本图书馆CIP数据核字（2018）第065271号

责任编辑：杨　凯　潘玉卿／责任制作：魏　谨
责任印制：张克忠／封面设计：MATHRAX　张　凌
北京东方科龙图文有限公司　制作
http://www.okbook.com.cn

科 学 出 版 社 出版
北京东黄城根北街16号
邮政编码：100717
http://www.sciencep.com
天津市新科印刷有限公司　印刷
科学出版社发行　　各地新华书店经销

*

2018年4月第　一　版　　开本：787×1092　1/16
2018年4月第一次印刷　　印张：9
字数：280 000

定价：48.00元
（如有印装质量问题，我社负责调换）

目 录

安全使用锂离子电池
—— 锂离子电池开发的历史与电池相关术语

〔日〕福井正博 执笔 | 罗力铭 译

与现有的铅酸蓄电池、锌锰干电池和碱性蓄电池相比，锂离子电池的能量密度要大得多。锂离子电池可以大电流放电，作为动力电源极具魅力。锂离子电池在生活中随处可见，有很多优点，但也有危险。为了安全使用锂离子电池，以最大限度地发挥其作用，本专题将详细讲解相关技术。

（编者按）

引 言

● 如何安全、合理地使用锂离子电池？

本文的主旨是"安全、合理地使用锂离子电池"。锂离子电池的最大魅力在于能量密度大。它是智能手机、平板电脑等终端设备普遍使用的电源。在电子制作领域，锂离子电池的使用十分广泛。

另一方面，因锂离子电池引起火灾和爆炸，而召回家电产品的报道也屡见不鲜。很多工程师也说："锂离子电池危险，我不推荐使用。"然而，锂离子电池的使用如此普及，在今后的技术开发中，必然成为关键部件（图1）。笔者认为，工程师不能因为锂离子电池存在一定危险性而不使用，而是要搞明白为什么危险，掌握安全使用锂离子电池的技术。

● 揭开锂离子电池的朦胧面纱

很多人都想知道安全使用锂离子电池的方法，特别是在起火的情况下该怎么处理。

虽说统称为"锂离子电池"，但是由于形状、材料的不同，特性也不相同，多种多样。有何不同，如

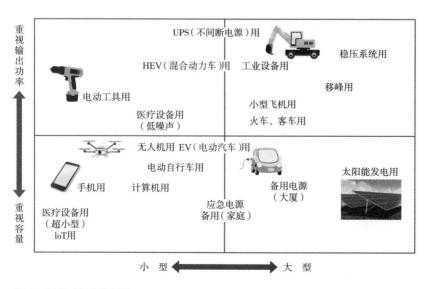

图1 锂离子电池的用途

何选择？都说日本生产的锂离子电池质量好，好在什么地方？即使有危险，可还是想使用，安全、合理地使用锂离子电池的方法是什么……应该有不少人对这类模糊的问题抱有疑问。

本辑从技术层面对锂离子电池进行详细讲解，以解答这些模糊的问题。

锂离子电池的基础知识

我们先来了解电池技术和锂离子电池的基础知识。

● 铅酸蓄电池是二次电池的代表

只能使用一次的电池是一次电池，与之相对的是可以充电的电池，叫做蓄电池或二次电池。现在，汽车上使用的主流电池是二次电池的代表——铅酸蓄电池。

铅酸蓄电池是法国科学家普兰特在 1859 年发明的。此后，铅酸蓄电池在汽车、小型飞机、火车、工业设备、医用电源、不间断电源设备上广泛使用，已有 150 年以上的历史。

● 日本的锂离子电池开发史

锂离子二次电池的基础研究始于 20 世纪 70 年代。1985 年，旭化成株式会社的吉野彰等人确立了锂离子电池应用的基本概念。吉野彰等人发现，在正极材料中加入 $LiCoO_2$，在负极材料中使用碳元素，可以确保电池使用时的安全性。当时世界上许多人都在进行相关技术的开发，包括充电、放电和保护电路等技术。

1991 年，索尼能源设备公司推出了世界上第一款锂离子电池产品。随后，三洋、松下、索尼、日立、东芝、GS Yuasa、NEC 等日本企业相继推出了高质量的锂离子电池，曾经一度占据全球 90% 以上的市场份额。

现在，韩国三星和 LG、中国比亚迪等厂商的锂离子电池的产量在增加。不同的使用场合，究竟该选用什么品牌的产品？如何做出明智的选择？类似这样的烦恼也在逐渐增多。

● 锂离子电池的两面性

与其他类型的蓄电池相比，锂离子电池的最大魅力在于电池能量密度大。此外，没有记忆效应，自放电少，周期劣化较少，内阻小，输出功率大……也是锂离子电池非常出色的性能，而且还在不断进化中（图 2）。

为了确保锂离子电池的使用安全和寿命，必须采

用高精度保护电路。由于电池中的电解液是有机溶剂，所以也存在使用不当引发火灾的隐患。安全使用锂离子电池是一个重大的课题，后续将详细讲解。

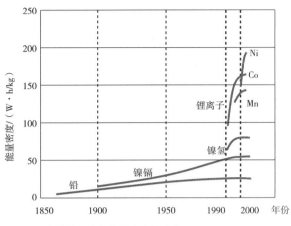

图 2 电池的历史与能量密度的变化

电池性能相关术语

在电池的世界里，表示其性能的参数，如 OCV、SOC、SOH 等缩写，非专业人士和初学者一定会觉得很困惑。其实只要记住了，就不难理解了。我们对电池领域常用的专业术语进行了汇总说明，见表 1、表 2。

● 为何电池容量的单位不是 W·h，而是 A·h？

电池容量的单位经常被混淆。电池可以储存的电量，直观来看应该用 W·h（输出功率 × 时间）表示。但是，电池的电压几乎是恒定的，因此，省略电压，用 A·h（电流 × 时间）表示的情况比较多。这样表示更容易让人们了解电池能够以多大的输出电流连续工作多长时间。

在正式表示电池能量时，请记得要乘以电压。

另外，电池容量表示为 FCC（Full Charge Capacity），意即"完全充电容量"。FCC 取决于温度和放电电流，所以需要定义条件并对其进行标准化（专栏 A）。

● 表示电流的单位除了 A（安培），还有 C（库仑）

电池充放电电流的单位，在电气工程学中一般为安培（A），在电池领域使用的是 C。虽然写作 C，但不读作"库仑"，而是取大写字母 C 的读音。

1C 表示的是该电池在完全充电状态下，在 1h 内以恒定电流完全放电的电流量（A）。为什么要使用这

表1 电池使用的单位

项 目	说 明
电池容量 （W·h或A·h）	用W·h表示，或在恒定电压状态下用A·h表示
能量（电量）	1W·h = 1V·A·h
电流量 （C）	1C表示1h完全充电（或完全放电）的电流量。比A（安培）更能表现电池疲劳程度
功率密度 （W/kg）	功率（W）表示再生和加速等能力。功率密度表示电池每1kg质量的输出功率，在HEV、UPS中是很重要的指标
能量密度 （W·h/kg）	表示电池每1kg质量输出的电能，在EV、手机中是很重要的指标

表2 电池相关术语

项 目	说 明
FCC （Full Charge Capacity）	表示充满状态的电池容量（完全充电容量）。与温度和放电电流量相关，要在确定条件下测量
SOC （State of Charge）	充电率、充电量。电池剩余电量与电池容量的比率（0表示完全放电，1表示完全充电）
DOD （Depth of Discharge）	放电深度。电池容量与放电量的比例
OCV （Open Circuit Voltage）	开路电压。空载稳压状态的电池端子电压，与SOC相关，与温度关系不大
SOH （State of Health）	表示电池劣化程度的指标。有多种定义，如容量劣化、输出功率劣化等
过充电	超过额定范围进行充电时，负极锂离子过剩，产生劣化或过热，是锂金属析出（枝晶）的原因
过放电	超过额定范围进行放电。正极锂离子过剩，产生劣化或过热，是正极损坏的原因

个单位？构成电池的基本单位——电芯的电动势较小，在很多情况下，为了获得所需的电压和电流，要将多个电芯串联、并联成模块使用。并联的电芯越多，充放电的电流量越大。

在比较电池性能时，充电耗时的长短，最大能以多大的电流进行使用（放电）特别重要。假设充满电的电池在1h内完全放电，将此时的电流值设为1C，电池的输出性能和充电性能就相对明了了。

例如，快速充电性能良好的电池，C值能够增大。1C充电，是指电池充电1h从0达到充满状态的电流值。0.5C充电，是指电池充电2h就能达到充满状态的电流值。3C放电，是指电池20min内完全放电的电流值。

● 电池剩余电量SOC、放电深度DOD、电动势OCV

电池剩余电量用SOC表示，是一个0（完全放电）~ 1（完全充电）的值，有时也用0 ~ 100%表示。

SOC是State of Charge的缩写，意即荷电状态。电池剩余容量是SOC在实用意义上的表述。与之相对，电池荷电状态是学术意义上的表述。电池的开路电压和内阻等重要参数都与SOC有关。因此从电池管理角度来看，需要进行高精度的测量。

DOD表示的是进行一次放电的范围，叫做放电深度，是Depth of Discharge的缩写。充放电的DOD与电池的劣化有关。

OCV是Open Circuit Voltage的缩写，意即开路电压。一般用来表示电动势。实际上，瞬态下，由于电池内部存在电能的相互交换，所以开路电压与电动势不一致。但在空载（开路状态）、长时间稳压放电时，两者是一致的，一般用OCV表示。

● 表示电池劣化状态的SOH

SOH是State of Health的缩写，用来表示电池劣化状态的值，意即健康状态。

如血压、体力等表示人体健康状态，电池健康状态也可通过多个指标定义，但主要指标是电池容量和内阻。

过充电和过放电，是指超过额定范围进行充电和放电，会引起电池温度上升和急剧劣化，也是起火事故的触发要因。

各种电池的不同用途

锂离子电池与铅酸蓄电池、镍氢电池的结构和特性有何不同？使用方法上又有何区别？我们从电池性能指标（参数）来找答案。电池的性能指标见表3。

● 铅酸蓄电池的用途

铅酸蓄电池的用途非常广泛，从电动自行车到汽车、工业设备，甚至小型飞机。

它充满后状态稳定，可以输出大电流，适用于UPS和汽车发动机启动设备（最近也用于怠速熄火系统）。

● 镍氢电池的用途

镍氢电池的能量密度和功率密度都比铅酸蓄电池高，而且还可以小型化，广泛应用于干充电电池。

由于其内阻小，可以增大功率密度，在丰田普锐斯混合动力车、电动自行车以及火车上得到了大规模

专栏A 电池的充放电能力指标：小时率与C倍率

● 电池容量（FCC）随条件变化而变化

"智能手机长时间使用，电池没电了。一段时间过后，又可以使用了。""在滑雪场，智能手机和数码相机的电池不能用了，在餐厅休息时发现又可以使用了。"大家有没有过这样的经历呢？电池产生电能是化学反应的结果。在连续使用时消耗电能使电压变低，不用时电压就会恢复。电池容量是随温度和放电电流变化的。

● 端子电压即开路电压减去内阻压降

恒定电流放电时的放电量为该电流条件下的电池容量。如图 A.1 所示的放电曲线（放电时的电压变化），放电电压比 OCV 少 $I \times R$（放电电流 × 内阻）。

放电电流越大，其达到下限电压的耗时越短，所以电池容量变小。

在低温情况下，锂离子电池的内阻变大，电池容量减小的量与 $I \times R$ 的增大量相等（图 A.2）。

● 铅酸蓄电池中常用的 5 小时率、10 小时率

如果只像上面那样表述，电池容量就不能标准化。将电池温度设在 25℃ 附近，且设定电流条件，规定电池容量的标准化方法就是"小时率"。

铅酸蓄电池的容量用 5 小时率、10 小时率表示。5 小时率，是指在 5h 内完全放电的电池容量。如果转换成后面要说的电流，相当于 0.2C 电流放电情况下的电池容量。

● 锂离子电池中常用 C 倍率

在锂离子电池中，不使用小时率，而是使用"C倍率"（图 A.1）。C 倍率表示的是通过电流。例如，5 小时率就是 0.2C 倍率。锂离子电池的内阻小，1C 倍率以上的称为高倍率（高输出功率型），其生产和销售都是以工业应用为中心的。

锂离子电池中，能量密度用来表示 EV 等的续航距离和电动设备的长时间工作性能；C 倍率用来表示汽车的再生能力和快速充电能力，也是表示高倍率（高速充放电时）电池周期寿命的主要指标。

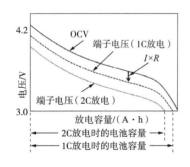
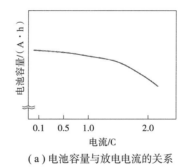
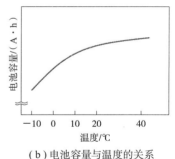

（a）电池容量与放电电流的关系　　（b）电池容量与温度的关系

图 A.1　锂离子电池的放电曲线与电池容量　图 A.2　锂离子电池的电池容量、电流和温度特性

应用，应用范围十分广泛。

● 锂离子电池的用途

锂离子电池比镍氢电池的能量密度更高，且内阻小，可以高功率输出，与镍氢电池一样可以小型化。它在很多方面可以取代铅酸蓄电池和镍氢电池，用途非常广泛。

但是，锂离子电池接近充满状态存放时，容易发生容量劣化问题，电池控制变得很困难。UPS 等使用的电池经常在充满电的状态下，需要将电池的完全充电状态设定得稍低一些。

锂离子电池的正极材料有很多，可以通过改变极板活性物质颗粒的大小、厚度进行优化，使电池的性能达到最佳状态。大容量型、高功率型锂离子电池可以定制，用户可根据需要和用途选择，这些都是锂离子电池的优点。要根据锂离子电池的类型和用途来选择充电器。

表3 电池的性能指标

项 目	说 明
电池容量（FCC）	电池储存的能量。因劣化或变异而降低，或随温度及放电电流变化
能量密度	单位质量上的能量（W·h）。容量劣化导致能量密度下降
电动势（OCV）	输出电压、稳定性、控制性。充放电时OCV的变化越小，越容易构成系统。难以掌握OCV与充电量（SOC）的关系时，控制性变差
最大电流	放电电流与消耗恢复能力
内 阻	内阻越小，大电流通过时的发热越小。因此，增大最大电流时，要降低内阻
极 化	大电流时电压下降的性质。发生巨大的极化时，电池就不能使用了
功率密度	单位质量上的输出功率（W）。电池电压基本不发生变化，内阻越小，功率密度越大。电阻劣化会导致功率密度下降
存放性	自放电，存放劣化，周期劣化
安全性	与过充电、过放电强度对应的阻燃性和类阻燃性

锂离子电池的性能要求

根据锂离子电池的用途，特定要求如下：
① UPS 和 HEV 使用的是高功率密度的锂离子电池。
② 计算机、智能手机和 EV 使用的是高能量密度的锂离子电池。

● 输出性能次于双电层电容器

单从输出性能来看，双电层电容器（EDLC）比锂离子电池要好。但锂离子电池的输出性能也在逐年提高（图3）。而且，预计将来也可用作电容器。

● 能量密度次于燃料电池

说到能量密度，燃料电池优于锂离子电池。燃料补给（或高速充电）的便利性是燃料电池今后能否普及的关键。而且，用户也十分在意基础设施建设。此外，成本也是普及的关键所在。

然而，即使燃料电池汽车流行起来，也要采用电池混合动力的形式来提高效率。

● 期待低价格

锂离子电池面临的另一个课题是成本。现在的 EV 制造成本中，占比最大的就是电池。如果电池的成本不降低，EV 的价格也很难降低。这是一个亟待解决的课题。

NEDO 路线图 2013 设立的目标为，高能量密度型电池的价格在 2012 年降到 70 ~ 120 日元 /（W·h），2020 年降到 20 日元 /（W·h），2030 年降到 10 日元 /（W·h）。能量密度在 2020 年提高到 2012 年的 2.5 倍左右（表4）。

表4 锂离子电池寿命的发展趋势

锂离子电池		2012 年	2020 年
EV 用	价格（含 BMU）	10 万 ~ 15 万日元 /（kW·h）	2 万日元 /（kW·h）
	能量密度	续航 100km，电池质量 200kg	续航 250 ~ 350km，电池质量 100 ~ 140kg
寿 命	零部件用	5 ~ 10 年	15 年
	系统用	10 ~ 15 年	20 年

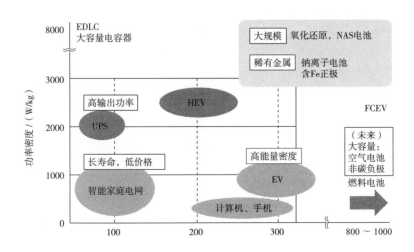

图3 电池历史和能量密度的变迁

2020 年前后，可能会出现一次充电可以行驶 300km 以上，且售价也比现有燃油汽车更便宜的 EV。

锂离子电池的应用

未来，锂离子电池的价格和能量密度会更具魅力。在期待电池厂商进行技术革新的同时，我们来思考目前锂离子电池的应用方法。

● 如果 EV 卡丁车的赛车手了解电池特性

以锂离子电池在 EV 卡丁车中的应用为例。赛车手对以下内容的判断，都会影响电池剩余容量的减少和续航行驶的距离。

① 在平坦路面长距离行驶的加速方法；
② 在平坦路面刹车的强弱；
③ 坡道（上坡）加速的办法；
④ 坡道（下坡）减速的方法；
⑤ 气温高和气温低时，如何改变行驶方式；
⑥ 在电池完全充电状态和接近耗尽状态下如何应对。

锂离子电池的内阻大小关系到电力再生效率。而且，内阻随电池温度和剩余容量变化。特别是对温度的依赖性很大，低温和高温状态下的差异高达 10 倍左右。

理解了温度升高时内阻减小，有效电池剩余容量增大，电池剩余容量不足时，内阻增大，就能根据 EV 卡丁车加速时功率与转矩的关系，以及减速时提高再生电力与再生效率来选择制动器和加速器。

具体来说，电池具有各种各样的特性，需要进行相关的调试。后面的内容中也会对 EV 卡丁车的运行与电池状态的关系进行说明。

专题概要

● 电池的热管理十分重要

本专题将介绍车载电池的性能要求、再生和怠速熄火系统与电池控制的关系，详细讲解电池控制中最重要的热管理方法，以及为什么对热量的准确理解和控制非常重要。

● 如何延长电池寿命

在 EV、混合动力车中，尽量延长电池寿命的需求非常强烈，不会像 EV 卡丁车比赛中那样使用电池，将电量完全耗尽。市售 EV 的车主也会避免这种情况。本专题将对电池的使用方法与电池寿命的关系进行说明。

● 热失控事故的发生机理与预防措施

因兴趣爱好而制作无人机和 EV 卡丁车的人，都想避免因工作失误而引发的火灾事故。外部短路、过充电、过放电等情况要杜绝。为了避免疏忽，操作时务必细心。

热失控的机理和避免方法是什么？电池膨胀或冒烟时怎么办？如果出现最坏的情况——发生火灾，这时必须由消防专家处理，但我们仍须掌握一些基本处理方法。

● 电池的质量与选择要点

电池质量的差异和使用方式也是要注意的地方。本专题主要介绍电池的选择要点。

笔者介绍 　　　　　　　　　　　　　福井正博

立命馆大学 理工学部 电子信息工程系教授

1983 年，大阪大学研究生院（电子工程专业）毕业。同年进入日本关西地区某大型电器公司工作，从事 LSI 设计技术研发。2003 年被聘为日本立命馆大学理工学部教授，从事医用微囊体的电池研究，是智能电网项目的蓄电池负责人。目前，主要从事锂离子电池的特性提取、控制电路、有效利用等方面的研究。

他开发的 BMS 可以替代"CQ EV 卡丁车"上使用的铅酸蓄电池。同时，也计划带着搭载 BMS 的卡丁车参加相关的比赛。

车载锂离子电池的性能要求

〔日〕福井正博 执笔 | 罗力铭 译

汽车电动化正在全世界范围内推进。这里，笔者对环保要求较高的 EV（含 HEV 和燃料电池车）驱动电机的电源——锂离子电池的作用和使用方法进行说明。

（编者按）

车载电池的容量增加

● 环保汽车将进一步普及

在地球环境问题日益严重的情况下，电动汽车（EV）、插电式混合动力车（PHEV）、燃料电池车（FCV）等环保车将会进一步普及。

就 EV 而言，驱动汽车的能源成本极低（是汽油的 1/10 左右），预计可以较快地普及。

由于 EV 配备的锂离子电池的价格依然很高，续航距离短，快速充电的基础设施不足等，包括插电式混合动力车在内，2014 年日本 EV 出货量只占汽车整体的 0.2% 左右。比混合动力车（HEV）的普及率（7.8%）低很多。

● 美国的 EV 普及将加速

在美国加利福尼亚州，根据 ZEV 法的规定，1998 年加利福尼亚州汽车销量的 2% 必须是环保车，2018 年这一比例将达到 4.5%（在美国，HEV 不属于环保车）。在欧洲，CO_2 排放的法规更加严格，德国大众汽车的柴油汽车排放造假问题推动了汽车的电动化进程。另外，人口众多的中国也对 EV 提供了优惠政策。从世界范围来看，汽车行业朝着环保汽车方向发展的趋势越来越明确。2016 年 1 月，在拉斯维加斯举办的世界规模最大的消费类电子产品展览会（Consumer Electronics Show，CES）上，许多展出的 EV 引起了关注（图 1）。

● 大容量型二次电池开发的进步

这些环保车需要使用大量的电能，因此要求电池高容量化、低价格化、高安全性。图 2 展示出了电池向高能量密度发展的趋势。

锂离子电池的高能量密度是有限制的，大概在 300W·h/kg。未来的全固态锂离子电池、空气电池等新一代电池将具有更高的能量密度。

图 1　2016 年 CES 上的 EV 相关展览

EV 电池与 HEV 电池的差异

● 电池容量不同

图 2 展示了实际 EV 和 HEV 的电池容量的变迁。可见，EV 和 HEV 的电池容量有很大的差别。

图 3 是以笔记本电脑等配备的普及型圆柱体电池 18650（直径为 18mm，长度为 650mm，2A·h 型）为标准，进行装机容量对比的结果。无论是容量，还是价格，都存在 10 倍以上的差距。

● EV 的电池容量可用于家庭供电

例如，日产聆风的电池容量有 24kW·h 和 30kW·h 两种类型，而用于太阳能发电系统的家庭备用电池容量约为 10kW·h。24kW·h 电池的容量是家庭备用电池的 2.4 倍。因此，人们也提出了在发生灾害时，使用 EV 电池积蓄的电能为家庭供电的 V2H（Vehicle to Home）方案。另外，PHEV 与 EV 属于同一范畴，电池容量非常接近。

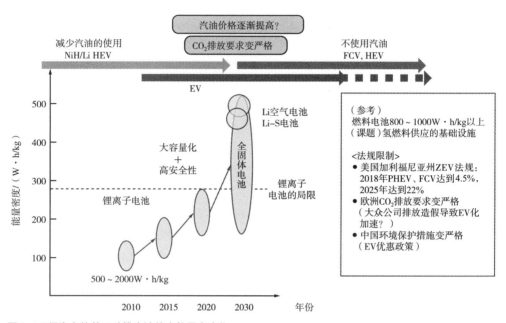

图 2　环保汽车的普及助推电池的高能量密度化

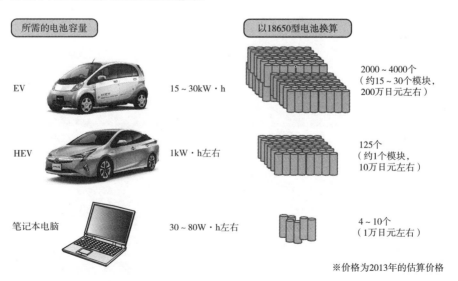

图 3　车载电池尺寸（仅供参照）

专栏A 锂离子电池安装在EV的什么位置？

金属锂遇水会产生氢气，是十分危险的材料。但是，锂离子的稳定性高，比较安全。

不过，电解液中含有有机溶剂，所以电池安装位置的选择要十分慎重。锂离子电池应安装在发生事故时，不会受到冲击的地方。发生碰撞事故时，汽车前后左右四面的防撞区域承受冲击力而破坏，从而减小汽车内部所受的冲击力。EV厂商设计锂离子电池安装位置时，都避开了这些易受冲击力影响的区域，通过探索更安全的位置，来决定电池的安装位置（图A）。

图A 日产聆风的电池安装位置（摘自日产汽车的资料）

● 充电方法不同

在EV和HEV中，电池的使用方法多少有些差异。EV（PHEV）中，使用电池的主要目的是储存行驶所需的能量。但在HEV中，使用电池的主要目的是提高发动机的燃油经济性，弥补发动机从低速开始加速（驱动）和减速能量回收（再生）的短板。

因此，在HEV中，电池应工作在驱动和再生效率较高的区域（SOC为30%~70%）。

而对于EV和PHEV，在家庭环境下充电时，为了防止电池劣化，应进行缓慢充电直至充满；在户外环境下充电时，应根据需要利用快速充电桩充电（图4）。

之所以能够快速充电，是因为充电量最大只达到电池SOC的80%。要想让SOC超过80%，只能采取让充电电压不超过电池电压上限的缓慢充电法。

作为参考，用于家用太阳能发电系统的备用电池，为了防止劣化，使用的SOC范围是10%~90%。

● 再生、怠速停止与电池的混合动力化

为了提高HEV的环保性，有以下3个要点。

首先，燃油经济性较优的高速行驶使用发动机驱动，燃油经济性较差的低速行驶使用电机驱动，以此进行混合动力化。其次，停车时工作在不消耗燃油的怠速停止状态。另一方面，在汽车减速或下坡时，利用电机进行能量回收。

对于铅酸蓄电池，行驶时由与发动机相连的交流发电机充电，一直处于充电状态，基本上维持电池处于充满状态。充满状态下，电池的劣化小、输出功率大，适合汽车电气系统和启动机使用。因此，怠速停止状态主要使用的是铅酸蓄电池。

通过再生进行电能回收时，内阻小、电流大的锂离子电池更适用。有的混合动力车使用双电层电容器，它可以输出更大的电流，而且几乎不劣化，只要对电容器进行充电，然后使用DC-DC变换器进行电压调整，便可对电池进行缓慢充电。

● 车载锂离子电池的再利用

车载锂离子电池的性能非常好，价格也很高，达到使用寿命后也可以用作家庭备用电源。因此，回收车载电池，然后用作家庭备用电源也是一种循环经济。

使用EV卡丁车进行的实验

● 铅酸蓄电池与锂离子电池的比较

笔者所在的研究室，使用"CQ EV卡丁车"进行了实验。

图5显示的是EV卡丁车配备的铅酸蓄电池替换

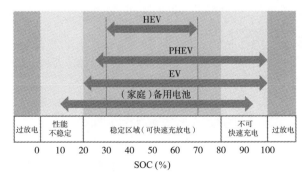

图4 锂离子电池使用的SOC范围

为锂离子电池后的状况。使用 2.6A·h 的 18650 型电芯（松下）进行 7 串 6 并的连接，其规格与被替换掉的铅酸蓄电池（12V，9A·h，2 串）一样。

从质量来看，铅酸蓄电池为 6kg，锂离子电池为 2kg，锂离子电池约是铅酸蓄电池的 1/3。从体积来看，锂离子电池看起来还不到铅酸蓄电池的 1/2，但是与铅酸蓄电池 9A·h 的容量相比，锂离子电池的容量为 15.6A·h，比铅酸蓄电池高出约 70%。

锂离子电池的电芯电压为 3.0 ~ 4.1V，7 串状态下可达 21 ~ 28V。从能量密度来看，铅酸蓄电池为 36W·h/kg；锂离子电池为 187W·h/kg，是铅酸蓄电池的 5.2 倍。

● 相较于铅酸蓄电池，锂离子电池的输出电流更大，适合高速行驶

实际上，我们在大学内的赛道进行了行驶试验，锂离子电池的加速性能比铅酸蓄电池要好很多。车手说，"虽然路线很狭窄，没有进行进一步的加速试验，但速度很快就能达到 34km/h"。这是因为锂离子电池的内阻很小，很容易输出大电流。

图 6 是进行电机空载速度试验的场景。测量结果显示，在空载状态下，电机转速可以支持 70km/h 的速度。试验时，笔者用温度计监测晶体管是否过热，发现电池并没有出现大的发热，感觉还有余量。这也是

锂离子电池的内阻很小的缘故。

锂离子电池的优势实际上是在施加负载时显现的。不在高速行驶状态下，而是在加速和爬坡过程中施加负载，可监测到电流增大，从而使转矩增加。

● 电池的连接采用低温焊接

图 7 是组装电池（电池组）的场景。电池的连接，必须特别注意。虽说是 18650 型，但是并不能像 5 号碱性电池那样进行串联 / 并联，因为电池之间电流量完全不一样。

由于锂离子电池在输出大电流方面具有优势。像这样，工作于大电流时，电池连接部位的电阻即使只有几欧姆，也会产生很大的热量（发热量与电流值的平方成正比）。这样的大热量有可能导致电解液起火。即使不起火，也会导致电池劣化。当然，焊锡在 180 ~ 230℃ 会熔化，连接也就失效了。

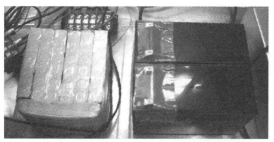

图 5　EV 卡丁车配备的铅酸蓄电池（右）替换为锂离子电池（左）

图 6　笔者所属研究室使用 EV 卡丁车进行实验的场景

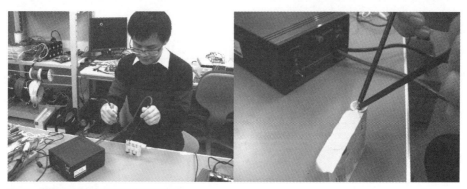

图 7　锂离子电池的组装与端子焊接

专栏B 稀有金属与锂离子电池

● 锂为什么是稀有金属？

当EV广泛普及时，构成锂离子电池的稀有金属——锂、钴、镍等是否会出现供应不足的情况？这是我们担心的一个问题。

锂以单一物质形态出现时，是极不稳定的。在水分蒸发量大的干燥地区的很多盐湖中，它多以盐水或锂辉石、锂云母等矿石的形态存在。可见，锂也是稀有金属，虽然从整个地球来看，锂原子的总量是很多的……

● 锂盐主要集中在南美洲

玻利维亚的乌尤尼盐湖（图B）是著名的锂盐产地。从全球来看，锂盐蕴藏量约57%主要集中在玻利维亚、智利、阿根廷等南美洲国家。除此之外，锂盐的蕴藏量排序为北美21%，中国10%，刚果7%，澳大利亚5%。

从锂盐的品质出发，南美洲的高浓度盐水、澳大利亚的高含量锂辉石占全球生产量的70%。

● 蕴藏量没有问题

截至2015年，锂的需求量为160 000t。其中，

图B 玻利维亚的乌尤尼盐湖

锂离子电池以外的使用量为100 000t，蕴藏量为需求量的100倍以上。从新发现的矿山或盐水中也可以获得充足的锂。今后，通过回收进行循环利用，从世界整体来看，不用担心资源枯竭。

● 锂的替代物，钠、镁？

锂的替代元素，考虑元素周期表中位于锂元素下方的钠以及其旁边的镁，利用与锂离子电池相同的脱嵌（离子脱嵌）原理，进行的高密度电池研究已有一定进展。

这些元素的原子质量较大。因此，在能量密度方面有一定的劣势，优势是成本低廉。利用这一特性，有望在大型电池领域得到应用。

● 镍、钴也是稀有金属

作为电池正极材料使用的镍和钴也是稀有金属，因资源枯竭和资源分布导致的价格上涨和供应短缺是令人担忧的问题。截至2015年，镍的产量约为1900 000t，主要用于不锈钢的生产，用于电池的量约占3%。因此，即使EV广泛普及也不会出现资源枯竭的严重情况。

与此相对，钴的产量为82 000t，其中用于电池的量为42%。只看这几个数字，你也许会有些担心，但是锂离子电池的正极材料有很多种类，可以用其他材料替代钴。使用最多的是LCO（钴酸锂）系正极。这是因为，在智能手机和平板电脑领域，由于其成本太高导致产量增长缓慢，已向含镍的NCM（镍、钴、锰三元系）正极转变。目前，需求激增的EV和电动摩托车中，使用的是NCM系和MCO（锰酸锂）系等LCO系以外的正极材料，不需要特别担心。

因此，在连接电池端子时，应该使用低温焊接，并且要确保不产生较大的发热。这是有窍门的。图7中的操作人员（学生）对自己的手法颇为自信，使用的是Yokodai公司制造的Personal Spot HSW-02A型焊机。1个接点的焊接时间在5s左右。要注意，千万不能产生高温（150℃以上）。

锂离子的行为与电极材料的选定

—— 探究电动势与能量密度高的原因

〔日〕福井正博 执笔｜罗力铭 译

如前所述，锂离子电池的最大特点在于能量密度大。本文将通过比较锂离子电池与铅酸蓄电池等其他电池，来讲解产生该特点的原理。从基本结构来看，可以将锂离子电池分为正极、负极、电解液三部分。由于锂离子电池是利用化学反应产生能量的二次电池，所以如何选择电池组成部分的材料／材质，是决定其特性的关键。

（编者按）

与铅酸蓄电池的比较

在讲解锂离子电池的基本原理之前，我们先了解一些化学相关的内容。

■ 结构与特性的差异

先将作为二次电池的锂离子电池与已经十分普及的铅酸蓄电池进行比较，来了解其特性。锂离子电池与铅酸蓄电池的内部结构差异，如图 1 所示。

● 锂离子电池的电动势为 3 ~ 4V，很高！

与铅酸蓄电池或镍氢电池相比，锂离子电池的特点是电动势很高。因正极材料不同而不同，锂离子电池的电动势在 3 ~ 4V。

这与铅酸蓄电池的 1.9 ~ 2.1V 电动势、镍氢电池的 1.2 ~ 1.5V 电动势相比，已经是一个很大的数值了。

● 由于电动势高，使用的电解液为有机电解液

由于电动势高，如果使用传统水性电解液，电解液就会被电解，所以使用有机电解液。

有机电解液有利于让两极的电位差保持稳定。但其缺点是具有可燃性。如表 1 所示，有机电解液的电导率比水性电解液大 2 个数量级。

表 1 电池的电解液的比较

	电导率 /（S/cm）	电解质的电势窗口 /V
水性电解液	10^{-1} ~ 1	− 0.3 ~ + 1.2
有机电解液	10^{-3} ~ 10^{-2}	− 0.0 ~ + 4.2
有机固体电解质	10^{-5} ~ 10^{-4}	− 0.0 ~ + 4.8

● 为了减小电极间的电阻，让电极变薄，面积变大！

为了减小极板之间的电阻，锂离子电池的电极采用大面积的隔膜状结构。带有电池电极端子（极耳）的隔膜状材料，根据电池的外形（方形、圆柱形等），卷成圆筒状或叠成层状。

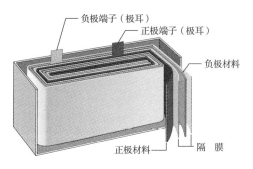

（a）铅酸蓄电池（水性电解液）　（b）锂离子电池（有机电解液）

图 1 铅酸蓄电池与锂离子电池的结构比较

● 锂离子电池为 3 层结构

锂离子电池的结构如图 2 所示，从中可见电极作用原理。

① 正极：薄铝箔集流体上涂有正极活性物质，并加入了导电剂，用黏合剂固定。

② 负极：薄铜箔集流体上涂有负极活性物质，并加入了导电剂，用黏合剂固定。

③ 将吸收了电解液的多孔高分子材料隔膜，像三明治一样夹在两个电极中间，整体为 3 层隔膜状结构。

3 层隔膜的厚度虽然取决于集流体、活性物质、隔膜各自的厚度，但加在一起也不过几百微米。

最近，有几家公司宣布已经开发出了把电解液换成电解材料的高能量密度的全固态锂离子电池（不使用电解液，而使用电解材料）。因为不使用电解液，所以具有很好的安全性，被认为在未来具有广阔的应用前景。但就当下而言，电解材料的导电率比液体低，也是亟须解决的课题。

● 能量密度高的原因

锂离子电池的能量密度是铅酸蓄电池的 4 ~ 5 倍，是镍氢电池的 2 倍左右，主要原因如下。

① 电动势较高。

② 使用质量小的元素——锂。

③ 采用隔膜状高密度封装结构。

以上只是其能量密度高的一部分原因。

利用其高能量密度的特点，锂离子电池在便携式终端、笔记本电脑、EV 等领域得到了广泛应用。

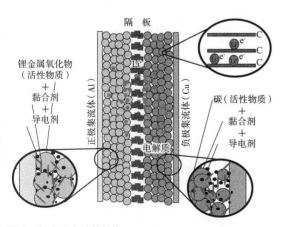

图 2　锂离子电池的结构

■ **正极材料、负极材料和电解液的对比**

● 电化学反应方程式的特征

虽然使用化学反应产生电动势，但每种化学电池使用的化学反应方程式是不同的。

（1）铅酸蓄电池

铅酸蓄电池由正极（二氧化铅）、负极（铅）、电解液(稀硫酸)构成,放电时的化学方程式如图 3 所示。

一般可以进行 500 次左右的充放电（不同产品存在一定差异）。由于充放电时极板发生电化学反应，易使正极活性物质脱落，所以与其他电池相比，使用寿命较短。

由于充满状态下的放电性能良好，可以作为汽车的启动机电源。但是，过放电会产生硫化现象，在负极表面产生坚硬的硫酸铅结晶，导致电池容量下降，加剧电池劣化。

另外，由于内阻比其他电池大，所以不适用于快速充电（发热量太大）。

（2）镍氢电池

镍氢电池由正极（氢氧化镍）、负极（聚氢合金）、电解液（氢氧化钾水溶液）组成。放电时的化学方程式如图 4 所示。

可以进行 500 ~ 2000 次充放电，使用寿命比铅酸蓄电池长。

由于内阻小，大电流放电性能突出，目前在普锐斯等混合动力汽车上得到应用，安全性很高。

（3）锂离子电池

锂离子电池由正极(金属锂化物,金属为钴、镍、锰、铁等)、负极（碳）、电解液（锂盐、有机溶剂碳酸亚乙酯等）组成。化学方程式因正极材料而异。例如，正极使用锰酸锂时，放电时的化学方程式如图 5 所示。

其原理是，锂离子在正极和负极中的嵌入[①]（脱嵌）。充放电时，极板间的应力作用相对较低，与其他电池相比，劣化小，寿命长，可以进行 3000 ~ 6000 次充放电。

使用水性电解液的铅酸蓄电池和镍氢电池，在 0℃（冰点）以下时无法维持性能。而锂离子电池在气温

① 嵌入（Intercalation）：在原子领域，一个分子进入另一个分子之间的现象。发明锂离子电池的契机是，德国的 Besenhard 发现，在合成石墨（也就是碳单质）的分子结构中嵌入锂离子是可逆的。而将这一发现用在电池上是 1976 年提出的。之后，世界范围内展开了安全利用锂离子脱嵌原理的电极材料开发竞争。

低于0℃时依然可以使用。据说,东芝SCiB电池在-30℃环境下也可以使用。

但是,锂离子电池在低温下充电时劣化大,要引起注意。由于内阻小,大电流放电性能突出,多用于混合动力车。

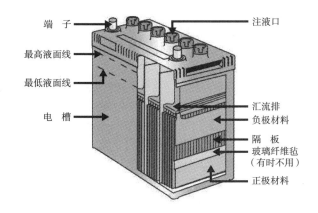

负极

$$Pb + SO_4^{2-} \longrightarrow PbSO_4 + 2e^-$$

正极

$$PbO_2 + 4H^+ + SO_4^{2-} + 2e^- \longrightarrow PbSO_4 + 2H_2O$$

（a）化学方程式（放电）

（b）内部结构（摘自日本电池工业协会资料）

图3　铅酸蓄电池的化学方程式与电池结构

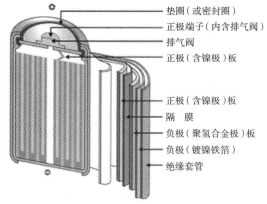

负极

$$MH + OH^- \longrightarrow M + H_2O + e^-$$

（MH为聚氢合金）

正极

$$NiOOH + H_2O + e^- \longrightarrow Ni(OH)_2 + OH^-$$

（a）化学方程式（放电）

（b）内部结构（摘自日本电池工业协会资料）

图4　镍氢电池的化学方程式与内部结构

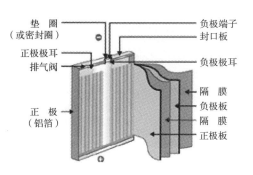

负极

$$Li \longrightarrow Li^+ + e^-$$

正极

$$Li_{y-x}Mn_2O_4 + xLi^+ + xe^- \longrightarrow Li_yMn_2O_4$$

（a）化学方程式（放电）

图5　锂离子电池的化学方程式与内部结构

（b）内部结构（摘自日本电池工业协会资料）

● 锂离子电池的缺点

锂离子电池有很多优点，但也有缺点。

（1）如果在充满电的情况下长期放置

首先，与铅酸蓄电池在接近充满电时趋于稳定的情况相反，锂离子电池在接近充满电的情况长时间放置，会导致电池容量劣化加剧。汽车发动机启动机的电源、应急电源、不间断电源等，大多数需要充满电后放置。因此，锂离子电池不适用于以上情况。

（2）如果在低电量的情况下长时间放置

在低电量状态下，正极表面的晶体结构易发生变化，导致内阻增加。

虽然在0℃以下的低温环境中也可以进行充放电，但是在低温状态下充电时，容易产生锂金属枝晶。一旦产生金属枝晶，就会引起电池容量大幅降低，金属枝晶导致正负极内部短路的问题。因此，在低温下使用锂离子电池时，需要引起注意。

（3）电解液是有机溶剂

电解液是有机溶剂，使用不当会引发火灾。当温度超过150℃时，在很多情况下，电池会变得非常危险。例如，对电池电极进行锡焊或焊接时，要细心观察，注意电极的温度。

出于以上原因，为了安全且长期使用，锂离子电池应配备具有高精度的保护电路、异常管理、劣化管理等的智能电池管理系统（BMS）。对技术人员来说，这方面也存在很多有趣的值得研究的课题。

■ 充放电的原理

● 锂离子脱嵌和充放电原理

从微观世界（原子级）来观察电池正负极的结构，各极活性物质的结晶结构为层叠状，这种结构使锂离子的嵌入（脱嵌）变得容易。锂离子在分子间作用力的作用下为固定状态。当对正负极施加电场时，锂离子只需要较低的能量就能发生迁移，进行嵌入。

锂离子电池充放电的机制也可以用图6来说明。图中方程式中的正极活性物质为锰酸锂。

● 放电时电极周围的变化

图6是放电时锂离子嵌入和迁移的示意图。

在负极，碳层之间存在锂离子，负极比正极的能量高。外部存在负载时，负极的锂离子释放电子，向能量低的正极迁移。

从负极脱嵌的锂离子，通过电解液和隔膜小孔向正极迁移，嵌入层状结构的正极活性物质中。同时，电子被接收，锂离子被固定而变得稳定。

如果过放电，锂离子过多地聚集在正极，会使内阻增大，电池发热，导致急剧劣化。

从图6中可见，负载电流（电池容量）几乎是由可移动的锂离子数量决定的。电子从集流体活性物质中穿过，到达外部端子。

正极的集流体为铝，负极的集流体为铜。这样做的理由是：在正负极各自的电势下，铝和铜是不会被锂离子掺杂（渗透）的金属。

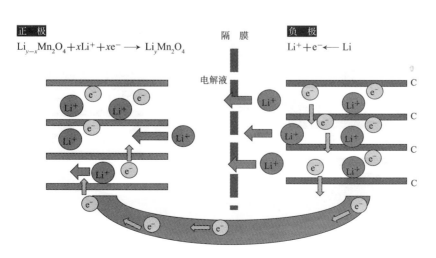

$$\underset{正\;极}{Li_{y-x}Mn_2O_4 + xLi^+ + xe^- \longrightarrow Li_yMn_2O_4} \qquad 隔膜 \qquad \underset{负\;极}{Li^+ + e^- \longleftarrow Li}$$

图6　放电时锂离子的运动

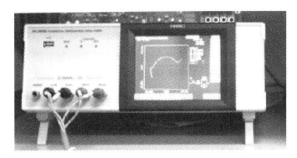

图 10　交流阻抗的测量

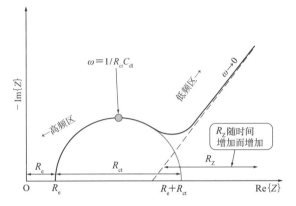

图 11　奈奎斯特图（交流阻抗）
控制理论的频率传递函数 $G(j\omega)$ 的实数部分为横轴，虚数部分为纵轴的矢量轨迹图

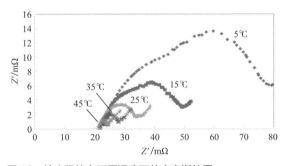

图 12　输出阻抗在不同温度下的奈奎斯特图

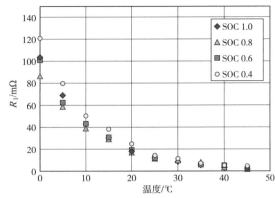

图 13　表面电阻的温度特性

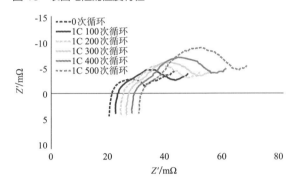

图 14　劣化引起的奈奎斯特图的变化（1C, 25℃）

电池性能由材料决定

● 正极材料导致的差异

　　锂离子电池的正极材料、负极材料各种各样。在表 2 中，我们简单地对这些材料的差异进行了整理和汇总。以下是目前最常用的 4 种正极材料。

表 2　正极材料的差异及特征

	理论值 /（mA·h/g）	实际值 /（mA·h/g）	电压 /V	实际密度 /（g/cm³）	特　征
LiCoO₂ 钴酸锂	274	~ 150	3.9	5.1	高电压，极稀有金属
LiNiO₂	275	215	3.7	4.7	高容量，稀有金属
LiNi₁₋ₓCoₓO₂	~ 280	~ 180	3.8	4.8	高电压，高容量
LiNi₁/₃Mn₁/₃Co₁/₃O₂ 三元材料	278	160 ~ 170	3.8	4.8	高电压，安全
LiNi₀.₅Mn₀.₅O₂	280	130 ~ 140	3.8	4.6	
LiMn₂O₄ 锰酸锂	148	100 ~ 120	4.1	4.2	高电压，低价格，安全
LiFePO₄ 磷酸铁锂	170	~ 160	3.4	3.6	高安全性，低价格，低电压，低容量

（1）钴酸锂：LiCoO₂

1991 年问世的第一个锂离子电池产品，使用的是钴酸锂。其能量密度高，主要用在以手机和笔记本电脑为代表的小型设备中。但是，钴是稀有元素，成本高。近来，同时含有镍、锰、钴的三元电极材料逐渐被镍、磷酸亚铁等所取代。

（2）锰酸锂：LiMn₂O₄

锰酸锂电池的特点是高电压、低价格，在汽车上的使用得到了普及。

（3）磷酸铁锂：LiFePO₄

磷酸铁锂电池主产于中国，其特点是电压低，内阻较大，承受过电压能力强，经常在 EV 上使用，或者用作备用电源。

（4）三元电极材料：LiNiₓMnᵧCoₓO₂

含镍、锰、钴的三元电极材料的电池，价格低，能量密度高，综合性能优越。含镍电池中使用的镍元素，虽然不如钴元素那么稀有，但也是稀有金属，价格很高。但是它具有高能量密度这一突出特点，在 EV 和燃油汽车方面的应用得到了普及。

● **负极材料导致的差异**

锂离子电池主要使用的负极材料见表3。

（1）石墨类

1991 年问世的第一个锂离子电池产品，负极材料使用的是短晶体结构的硬碳（石墨）[①]。硬碳的特点是周期寿命长，但电压变化较大、成本高，使用范围并不广泛。

与硬碳相比，长晶体结构的软碳具有能量密度高、成本低的优势。最近，成本更低的合成石墨占据了主流。

（2）锡硅材料

以汽车为代表的应用，要求电池具有大容量。因此，硅和锡基材料的研究十分盛行。但充放电时，负极的膨胀收缩率较大，导致固定活性物质的黏合剂发生剥离，不能适应长时间使用。现在，通过与碳材料合成，也在努力提高寿命。

（3）钛基材料

东芝公司在电池负极上使用了钛酸锂，虽然其能量密度低，但是可以进行快速充电，低温特性优越，周期劣化小。它被命名为"SCiB"（商品名），在 EV 等中得到了应用。

● **隔膜具有的安全功能**

隔膜是为了防止负极与正极短路而设置的（不是为了绝缘）。该材料使用了聚乙烯、聚丙烯、聚烯烃等多孔高分子材料。

图 15 显示了不同材料的隔膜在温度上升时的内阻变化情况。高温时，隔膜发生溶解，孔隙发生堵塞，抑制锂离子的迁移，使电阻相应增加，从而抑制电流，进而抑制发热。这叫做隔膜自动关断保护，起到防热致损坏的作用。

但是，持续从外部流入大电流，或者由于其他某

表3 负极材料的差异及其特征

	放电电容 /（mA·h/g）	放电电压 / V	课 题
金属 Li	3860	0	枝晶
石墨 C	372	0 ~ 0.25	实用，低价
Si	4200	0 ~ 0.8	初期效率低，体积变化大
Sn	994	0 ~ 0.8	初期效率低，体积变化大
SiO	1200	0 ~ 0.8	初期效率低，体积变化中等
TiO₂	100 ~ 300	1.6 ~ 1.8	容量小，寿命长，安全性大

注：放电电压越低越好，但与电解质反应更不稳定。0V 可能发生 Li 沉积。

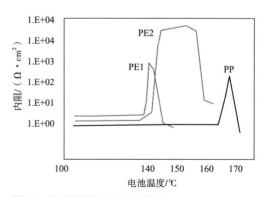

图 15 电池隔膜的自动关断效果

[①] 硬碳、软碳、石墨：它们都是碳单质构成的材料。碳单质 C 有时与钻石一样，分子结构牢固；有时像石墨一样，分子结构脆弱（柔软）。作为一种矿物质，石墨又称为黑铅——在其原子结构尚未明确之前，由于表面具有金属光泽而被认为含有铅元素（实际上不含金属元素）。另外，煤炭中含有碳以外的元素（硫黄等）。黑铅因原子结构不同，硬度也会发生各种变化。质地硬的叫做硬碳，质地软的叫做软碳。作为工业标准材料进行严格质量管理的黑色微粒化石墨叫做碳黑。

种原因持续加热时，隔膜溶解部分扩大，使正负极短路范围变大，会导致热失控。为了提高负极的安全性，通过增加陶瓷涂层减少高温情况下隔膜的溶解。这项技术也已经开发出来了。

形状的差异

● 形状大致有 3 种

- 方形
- 圆柱形
- 软包（叠层型，聚合物型）

这 3 种电池的基本结构没有根本区别，但是电极和隔膜的折叠方式不同，因此性能也会有一些差别。

● 形状导致差异

方形电池具有四方形硬质外壳。从大家都熟悉的手机等的小型电池，到工业设备上用的超过 100 A·h 的大型电池，有多种规格。主要用于工业产品，内阻非常小，性能很稳定。

从成本角度看，在批量生产方面有优势的是圆柱形电池。最具代表性的规格为 18650 型，从计算机到汽车，以及备用电池，用途十分广泛。顺便提一下，"18650"中的"18"表示直径为 18mm，"650"表示

长度为 65.0mm。除了 18650 型，还有 17670、18350 等各种型号（电池形状有兼容性，但不同厂商的电池各具特点，充电器不具兼容性）。

软包电池是没有外壳的方形电池。由于形状可以自由改变，表面积较大，易于冷却，最近需求量正在增长。

不同汽车厂商所用电池的形状各异，日产聆风上安装的是软包电池，三菱 i-Miev 上安装的是方形电池，而美国特斯拉公司使用的是圆柱形的 18650 型电池。

● 电池发生膨胀时怎么办？

锂离子电池随时间劣化的一个表现，就是发生膨胀。软包电池可以从外观上看到膨胀的状况，但是在方形和圆柱形电池上是很难看到这个变化的。尽管如此，我们也经常听到，由于电池膨胀，而使智能手机后盖无法扣紧的情况。

锂离子电池因高温或劣化而产生气体，易使方形和软包电池发生膨胀。电池膨胀后，其内部容易发生短路等状况，这时对其强制施加外力非常危险，应立即停止使用。

一般来说，膨胀的电池、从高处跌落受到冲击的电池、经历过高温的电池、浸水的电池、过充电和过放电的电池，以及产生过外部短路的电池，极端情况下会起火，是十分危险的。出现这些情况时，应该马上停止使用。如果可以，让电池缓慢放电，使 SOC 降低到 20% 左右，再委托具有专业资质的机构进行处理，才是最好的对策。

充电方法与热问题的考量

—— 锂离子电池的内阻、温度、电流之间的关系

〔日〕福井正博　执笔 | 罗力铭　译

锂离子电池的内阻，随温度和劣化程度的变化而变化。这会对电池的充放电产生什么影响？电池内阻变化，充放电导致电池发热，大家都是知道的。但发热的程度因电池状态而异。对此，我们用热力学来总结产生这些现象的原因及对策。

（编者按）

充电与加热

■ 充放电时的电池发热量

锂离子电池的发热，有焦耳热和熵热两种。

● 电流流过内阻产生的焦耳热

电流流过内阻而产生的热量为焦耳热 Q_p（J/s），表示为内阻电流和内阻两端电压（电池端子电压与开路电压的差值）的乘积。如果充电电流为 i，电池端子电压为 V_o（V），开路电压为 V_{OC}（V），电池内阻为 R_n（Ω），焦耳热可用下式表示（放电时 i 为负值，$V_o < V_{oc}$）。

$$Q_p = i\,(V_o - V_{OC}) = i^2 R_n \qquad (1)$$

焦耳热与电流的平方成正比，快速充电时要特别注意发热，使用风扇散热。由于焦耳热与内阻成正比，所以内阻越小的电池，输出电流越大。

● 化学反应产生的熵热

电池内部的化学反应会产生熵热 Q_s（J/s）。从能量高的充电状态转换为能量低的放电状态时，熵热增大，电池出现发热。相反，充电时为吸热反应。

熵热可用下式表示：

$$Q_s = iT_{in}\ \ \frac{\partial V_{OC}}{\partial T_{in}} \qquad (2)$$

T_{in}（K）是电池的内部温度，V_{OC} 有些许温度依赖性。由此，产生了熵热。

小电流充放电时，由于熵热的影响，充电时的发热量明显小于放电时的发热量。另外，以较小的电流充电时，可以观测到吸热反应。一般情况下，当电流达到1C或以上时，焦耳热占主导地位，可以忽略熵热。

● 电池的散热

电池表面的放热量 Q_{out}，可用下式表示。

$$Q_{out} = A \cdot h\,(T_s - T_a) \qquad (3)$$

式中，A 为电池的表面积；T_s 为电池的表面温度；T_a（K）为环境温度；h [W/(m²K)] 为传热系数。

从这个公式中可以看出，为了促进散热，使表面积增大，增大表面温度和环境温度之差，都是有效措施。

另外，传热系数 h 由下面的式（4）推导出，使用了常数 Nu——努塞尔数[①]。Nu 取决于电池形状和表面状态等复杂条件和经验公式，很难从理论上进行推导。

因此，根据理论公式把握趋势，通过实验得出不确定参数的校准法比较实用。

$$h = \frac{Nu\lambda}{d} \qquad (4)$$

式中，λ 为对象周围流体的传热系数。

另外，λ 具有温度依赖性。空气的传热系数的温度依赖性如图1所示。

● 电池的热收支（总发热量 – 散热量）为正，就是发热

电池的总受热量，为总发热量减去散热量（图2）。

---

① 努塞尔数（Nu）是对流产生的热传递与流体的热传导的比率，可用下式表示（$Nu = 1$ 时不产生对流）。

Nu=（流体的传热系数 × 特征长度）/ 流体的传热系数

因此，使总发热量与散热量之差减小，就可以抑制电池温度的上升。

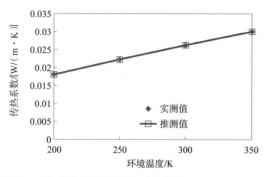

图1　空气的传热系数具有温度依赖性

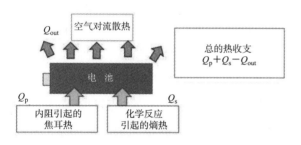

图2　发热与散热

■ 热分析

● 有限元法和热网络法

理解了电池发热的原因，接下来就能进行实际的热分析。一般的热分析，常用 Ansys 公司销售的 Fluent 软件和开源软件 Elmer 的有限元法（Finite Element Method）等。

热网络法[①]，是将热传导的微分方程，通过回路的集中常数来表现和求解的方法。虽然很简易，却是以实用级精度进行热分析的方法。热回路与电路类似，可以通过微分方程来表达，对熟悉电路的人来说，很容易理解。

● 用电路中的方法来考量热回路

在表1中，我们对电路微分方程中的参数与热回路中的参数进行了对比。在热回路中，节点温度 T（K）、节点之间的热流量 Q_T（J/s）、表示节点之间热传导难易程度的热阻 R_T（K/W）、表示每个节点储存热量的热容量 C_T（J/K）、热量 H（J），分别对应电路中的电压 E、电流 I、电阻 R_E、静态电容 C_E、电荷量 Q，欧姆定律和瞬态响应等也同样成立。

表1　热回路法
热回路可与电路相对应，欧姆定律和瞬态响应也成立

热回路	电 路
温度 T（K）	电压 E（V）
热流量 Q_T（J/s）	电流 I（A）
热阻 R_T（K/W）	电阻 R_E（Ω）
热容量 C_T（J/K）	静态电容 C_E（F）
热量 H（J）	电荷量 Q_E（C）

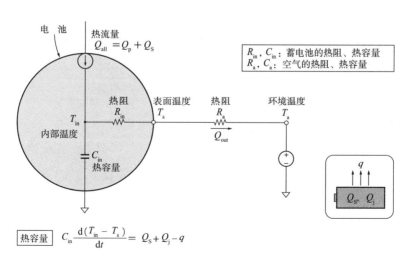

图3　分析电池电芯温度用的热回路

$$C_{in} \frac{d(T_{in} - T_s)}{dt} = Q_S + Q_j - q$$

---

① 见第47页的参考文献。

● **用热回路表示发热和散热**

电池的发热和散热可以用热回路表示，如图3所示。

其中，Q_{all} 为焦耳热 Q_p 与熵热 Q_s（J/s）之和，为电池内部产生的热流量。T_{in}（K）为电池内部温度，T_s（K）为电池表面温度，T_a（K）为环境温度。C_{in}（J/K）为电池热容量，R_{in}（K/W）为电池内部的热阻，R_a（K/W）为电池外部（空气）热阻。

● **通过回路模拟器进行热分析**

将 R_{in} 和 C_{in} 等赋予必要的参数，通过回路模拟器可以进行表面温度和内部温度的动态分析。空气的热阻 R_a，从式（3）中可知，等于 $A \cdot h$。

如果想要了解稍微复杂一点的组合电池的热分布，通过图4所示热回路进行分析，问题就迎刃而解了。

■ **再考量：锂离子电池的发热**

● **温升差异是内阻变化的结果**

电池发热的决定因素是焦耳热。充放电条件确定后，电流量就确定了，左右发热量的最重要因素就是电池内阻的大小。

温度越低，电池的内阻越大。而且，在 SOC（蓄电率）低的区域和高的区域变大。因此，在这些区域中，电池内部的发热增大（图5）。

● **降低电池表面温度**

在低温区域，电池的表面温度升高时，与环境的温差变大，散热量增加，有利于降低温度。不过，中心温度和周围温度的上升，由于瞬态现象的存在会有延迟。

从图4所示的热回路中可见，大电流通过低温区域时，中心温度可能会瞬间突然上升，进而处于危险状态。

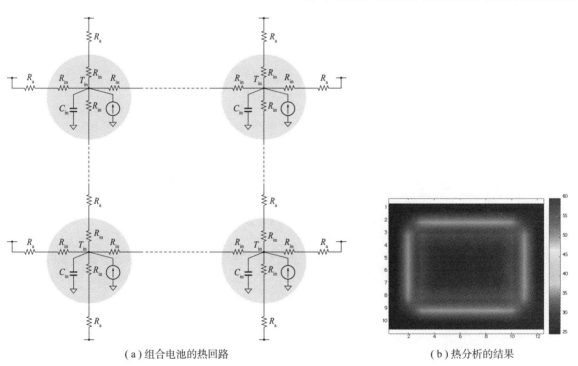

（a）组合电池的热回路 　　　　　　　（b）热分析的结果

图4　组合电池的热回路与热分析

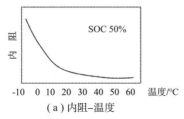

（a）内阻–温度

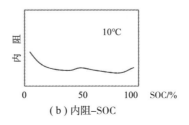

（b）内阻–SOC

图5　内阻与温度、SOC 的关系
低温时内阻变大，SOC 的变化也会影响内阻

● 是否该控制电池的内部温度

比起电池的表面温度，更应该控制的是电池的内部温度。在电池内部放置温度计是不现实的，所以要利用某些方法进行估算。

■ 电池内部温度估算系统

● 利用热回路制作内部温度估算系统

笔者自己试制了一个电池内部温度估算系统，下

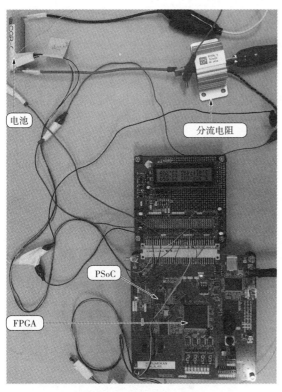

图 6　使用了 PSoC 微处理器的内部温度估算系统

面介绍一下它的原理。理论就是刚才所讲的热回路。将从对象电池的热回路中获得的内部温度估算公式，嵌入到使用了 PSoC 微处理器的内部温度估算系统。

如图 6 所示，这个系统由 PSoC 微处理器、FPGA、分流电阻、2 个数字温度传感器构成。

● PSoC 的系统配置

系统内部的结构如图 7 所示。虚线内是 PSoC 微处理器部分的组成。

PSoC 微处理器利用了从 "PSoC Designer" 网站下载的免费 CAD 工具和简单的模拟电路。这是两年前制作的，有点旧。图 8 为设置页面的截图。

这个系统使用了 3 个模块。

① 用 PGA 读取电池及分流电阻的电压值信号并放大。

② 使用双通道 A–D 转换器 DUALADC 将 PGA 读取的模拟信号转换为数字信号。

③ 为了进行周期设置，用 PWM 生成脉冲，从上升沿开始测量并利用估算公式进行计算。

热回路分析和内部温度估算，是通过微处理器中的 C 语言来实现的，流程图如图 9 所示。

估算结果如图 10 所示，内部温度和表面温度的差异很大。通过其他方法也验证了这个结果是正确的，这里就不做说明了。

■ 充电控制实例

● 变速 CC–CV 充电

笔者以抑制温升和缩短充电时间为目的，进行了充电控制实验。锂离子电池的充电，一般采用 CC–CV（Constant Current–Constant Voltage：恒定电流 – 恒定

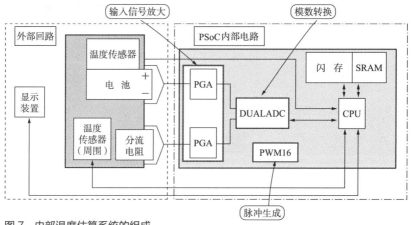

图 7　内部温度估算系统的组成

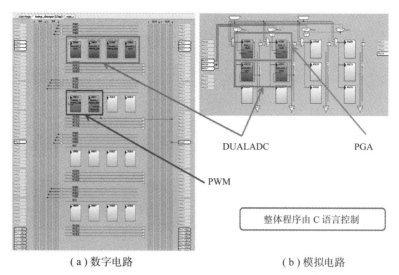

DUALADC   PGA

PWM

整体程序由 C 语言控制

（a）数字电路   （b）模拟电路

图 8　PSoC Designer 的使用（3 个模块）

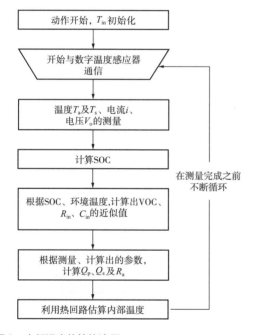

图 9　内部温度估算的流程

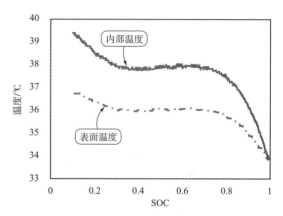

图 10　内部温度估算结果（环境温度为 35℃）

电压）充电。这里，对 CC 充电部分进行变速，以抑制温升和缩短充电时间。

　　图 11 展示了通常的 CC-CV 充电、变速 CC-CV 充电的概况。进行变速充电时，充电电流逐渐减小。这样，就能够应用到快速 CC-CV 充电装置上。变速充电与 1C 及 1.2C 充电的充电时间与温升的对比如图 12 所示。

● 可以缩短充电时间，也可以抑制温升

　　与 1C 充电相比，变速充电的充电时间可以缩短约

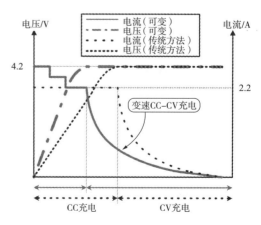

图 11　提高 CC-CV 充电的效率 —— 变速 CC-CV 充电
先进行恒流充电，在接近充满（电压达到 V_{CO}）时转换到恒压充电——
电压值取决于锂离子电池的特性

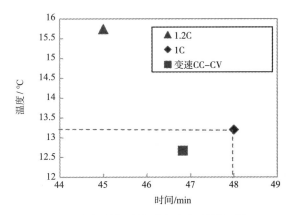

图 12 不同充电方法下的温度与充电时间的对比

1min，温升减小了约 1℃。与 1.2C 充电相比，虽然充电时间变长了，但温升减小了约 3℃。

这个实验只是一个例子，由于 SOC 和劣化、温度都会导致内阻变化，所以应该有考虑了这些因素的最佳充电方法。

冷却方法与效果预测

用电池驱动千瓦级的动力系统时，冷却几乎是不可或缺的。大量发热是导致电机、电池、逆变器异常的主要原因，所以必须考虑发热的对策。

● 冷却方法有很多，但是……

散热的基础是把空气作为介质，进行风冷。利用液体冷却的效率高，但成本高。风冷有不使用风扇的自然风冷，和使用风扇的强制风冷。使用风扇的强制风冷可以提高温度控制性能，但是风扇的运转也会消耗电能。

一般来说，快速充电时，温度迅速上升，常用风扇进行散热。但散热风扇如何使用也取决于电池。下面，笔者介绍自己在这方面的探索实例，希望能为大家制作高效冷却系统提供一些思路。

■ 风 冷

● 冷却理论入门

回顾图 3。风冷效果取决于 R_a，R_a 越小，越能实现高效风冷。

图 13 显示了自然对流和强制对流状态下 R_a 的对比。增大表面积可以提高两种对流状态下的散热效率，提高风速 U 可以改善强制风冷效果。

● 实验证明：强制风冷的效果相当好

图 14 是确认单个电芯风冷效果的实验。图中对自然风冷和强制风冷状态下的温升进行了对比。

可见，强制风冷的效果是立竿见影的。

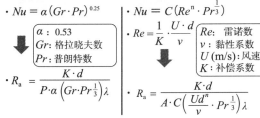

图 13 风冷的理论

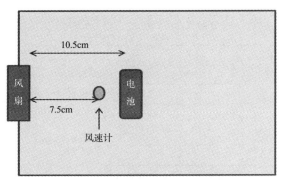

（a）锂离子电池与风速计的配置

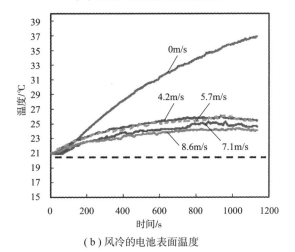

（b）风冷的电池表面温度

图 14 风冷的效果

■ 组合电池的风冷实验

● 组合电池中的风量不均匀问题

接下来，我们进行组合电池的风冷实验。外部电芯与内部电芯的风冷效果有很大差异。为了改善这个状况，我们使用风管（图15）。

● 改善风量问题

如图16所示，我们在电芯之间穿插粗风管和细风管，比较冷却效果。如图17所示，在风管的作用下，组合电池内部的温差大幅减小了。

后面的文章中会讲到，电池的劣化因温升而加速。另外，组合电池的性能取决于劣化最严重的电芯。

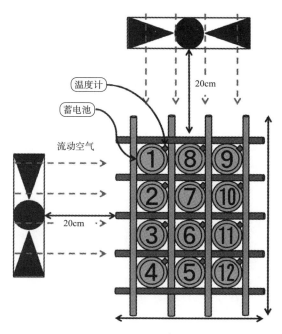

图15　组合电池的风冷实验示意图

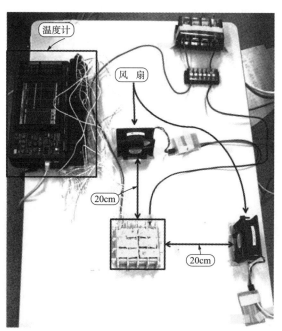

图16　风冷实验系统

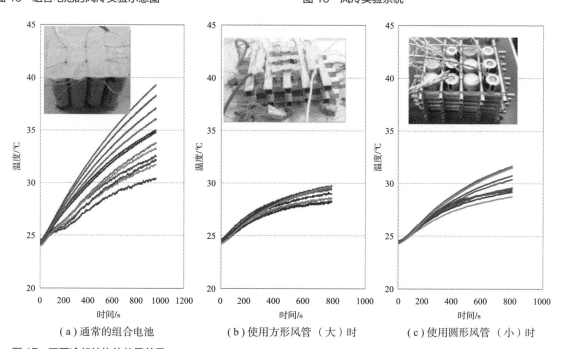

（a）通常的组合电池　　　（b）使用方形风管（大）时　　　（c）使用圆形风管（小）时

图17　不同冷却结构的效果差异

结束语

　　为了有效地使用电池，应该让组合电池内部电芯的劣化程度保持平均。为此，应该要让组合电池内部的温升均匀化。在前面展示的实验中，我们了解了抑制组合电池内部温升的手段。接下来，要明确温度变化与电池劣化的关系，有效抑制劣化。

剩余容量管理与防劣化

—— 电池容量减小的原因及对策

〔日〕福井正博 执笔 | 罗力铭 译

使用智能手机或笔记本电脑时，我们都会注意电池的剩余容量。一般来说，知道使用中电池的剩余容量并不是件容易的事。虽然可以测量出从充满状态到当前使用了多少电量，但是像锂离子电池这样的化学电池，从充满状态开始，每次使用的电池容量并不都是一样的。原因之一就是电池的劣化。本文的后半部分将对电池劣化进行讲解。电池劣化并不仅仅是循环次数（充放电次数）增加导致的，即使放置不管电池也会劣化，在高温和低温环境下也会劣化。因此，使用组合电池时要特别注意。

（编者按）

安时计和统计方法的应用

锂离子电池的内阻和 OCV 随 SOC 变化。因此，SOC 的高精度估算非常重要。SOC 测量的常用方法为安时法。只要初始值正确，采样频率足够大，就可以进行高精度测量。使用微处理器进行 SOC 测量时，为了实现低功耗，减少计算量，在某种程度上有降低采样频率的要求。这时，进行高精度测量就会变得困难。

卡尔曼滤波器具有修正状态误差的功能，不需要清除 SOC 数据，以较低的采样频率也能完成高精度测量。

■ 安时积分法

常用的安时积分法，也叫做"Q-Meter 法"。如图 1 所示，它是逐次累计微小采样间隔中电流的时间积分的方法，常用于测量仪器等。只要初始值正确，采样间隔足够小，就可以实现高精度的 SOC 测量。

当然，通过这种方法掌握的是使用电量（电池电压是恒定的，因此，也可以说是使用的电流量）的累计值。如果不知道充满状态时电池的总容量，就不知道电池的剩余容量。

随着反复充放电，微小误差的不断累积，偏移误差的增加，或采样频率降低时，误差就会增大。

■ 使用卡尔曼滤波器估算剩余容量

● 使用卡尔曼滤波器的电池模型

众所周知，在无法接收 GPS 数据的隧道中估算行驶位置时，就使用了卡尔曼滤波器。

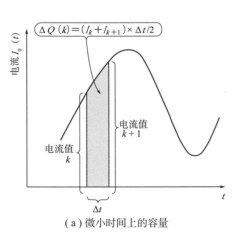
（a）微小时间上的容量

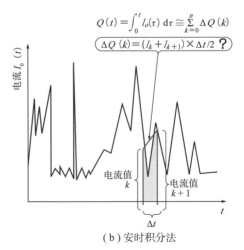
（b）安时积分法

图 1　安时积分法的原理与积分相同

使用卡尔曼滤波器，从包含离散时间的噪声的观测数据中估算变化目标量（状态）的方法，是对噪声影响下带有误差的观测值进行过滤，将误差减到最小的控制方法。这一方法也可以用于电池剩余容量的估算。

● 使用状态方程和观测方程建模

使用卡尔曼滤波器进行电池剩余容量的估算时，需要事先对电池模型进行定义。高精度估算的要点是提供正确的模型。

卡尔曼滤波器使用的模型是状态方程和观测方程，式（1）与式（2）是它们的一般形式。

$$x_{k+1} = f(x_k) + b_u u_k + b \omega_k \qquad (1)$$
$$y_k = h(x_k) + v_k \qquad (2)$$

这些方程是用离散时间 k 表达的。x_k 表示状态，u_k 表示输入。ω_k 为系统噪声，施加的是均值为 0 的正态随机数。y_k 是观测值，v_k 是观测噪声，也是均值为 0 的正态随机数。

状态方程是根据离散时间 k 的状态，求解时间 $k+1$ 的状态的方程。观测方程是根据时间 k 的状态求解观测值的方程。这里使用的卡尔曼滤波器是方程所使用函数 $f(x)$、$h(x)$ 的线性函数。

● 如何把电池 SOC 作为一种状态来求解

适用于电池 SOC 估算的应用方法如下。

（1）状态的定义

将 SOC 定义为状态 x_k。但是，不能直接从外部测量。另外，将一些状态定义为 x_k 的要素。

输入 u_k 来自外部，将充放电电流定义为输入 u_k。观测值 y_k 是直接测量得到的结果，是电池端子电压。

（2）电池的等效电路模型

为了定义这些方程，使用图 2 所示的电池的等效电路模型。等效电路由 OCV 和 1 个电阻（电解质电阻）、2 组 RC 回路（电极表面电阻和扩散电阻）构成。2 组 RC 回路的两端电压分别表示为 u_1 和 u_2。

放电电流表示为 i。电池的端子电压为 u_L，作为观测值使用。OCV 为 SOC 的多项式。

（3）将微分方程变换为差分方程并进行线性化

将采样时间定义为 Δt，时间离散值定义为 k，对微分方程进行离散。这样就变成了差分方程，如图 3 所示。进一步，进行图 4 所示的线性化。

这里给出的矩阵 A、矩阵 C 如图 5 所示。矩阵 C

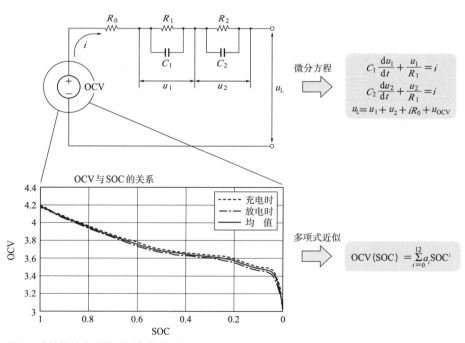

图 2　电池等效电路模型与连续时间表示

的元素中，有 OCV 和电解质电阻 R_0 的 SOC 微分项。这些元素如果出现大的变动，观测值的计算精度就会变差，所以要对图 2 中 OCV 多项式的次数进行适当设定。实际上，通过输入各种参数，观察变动情况就能够找到合适的值。

● 使用扩展卡尔曼滤波器的 SOC 估算步骤

使用扩展卡尔曼滤波器，反复进行状态估算与修正。

① 状态推算：使用状态方程，通过 x_{k-1} 估算 x_k。这里是"预先估算"，用符号"^"表示"估算"，用符号"ˉ"表示"预先"，写作 $\hat{x}_k^-$（图 6）。

② 修正。状态 x_k 和观测值 y_k 存在线性关系。因此，只要有表示其相互关系的数据，就可以根据预先估算得到的 $\hat{x}_k^-$，通过状态方程求解出观测值的估算值 $\hat{y}_k^-$ 与实际观测值 y_k 的差，也可以推测出正确状态 x_k 与估算状态 $\hat{x}_k^-$ 的关系。由此，就知道 y_k 与 $\hat{y}_k^-$ 之差、x_k 与 $\hat{x}_k^-$ 之差的比值，这叫做卡尔曼增益。利用卡尔曼增益对 x_k 进行修正。虽然修正后的 x_k 依然是一个估算值，但这个修正是基于以往的大量观测数据的趋势进行的，精度得到了大幅提高（图 7）。

图 8 展示了卡尔曼滤波器的应用实例。可以看出，SOC 估算误差随时间推移而逐渐减小。

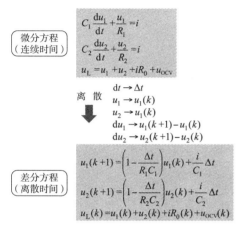

图 3　电池模型的离散

图 4　电池模型的线性化

$$x(k+1) = \begin{bmatrix} \mathrm{SOC}(k+1) \\ u_1(k+1) \\ u_2(k+1) \\ R_0(k+1) \end{bmatrix} = \begin{bmatrix} 1 & 0 & 0 & 0 \\ 0 & \left(1-\dfrac{\Delta t}{R_1 C_1}\right) & 0 & 0 \\ 0 & 0 & \left(1-\dfrac{\Delta t}{R_2 C_2}\right) & 0 \\ 0 & 0 & 0 & 1 \end{bmatrix} \times \begin{bmatrix} \mathrm{SOC}(k) \\ u_1(k) \\ u_2(k) \\ R_0(k) \end{bmatrix} + b_u \times i(k) + b\omega(k)$$

$$y(k) = U_L(k) = \mathrm{OCV}(\mathrm{SOC}) + i(k)R_0(k) + U_1(k) + U_2(k) + v_k$$

$$\hat{C}_k = \frac{\partial h(x_k)}{\partial x_k}\Big|_{x_k = x_k^-} = \left[\begin{array}{cccc} \dfrac{d\mathrm{OCV}}{d\mathrm{SOC}} + \dfrac{dR_0}{d\mathrm{SOC}} \times i_k & \Big|_{\mathrm{SOC} = \widehat{\mathrm{SOC}}^-}, & 1, & 1, & i_k \end{array}\right]$$

图 5　电池线性模型的矩阵 A、矩阵 C

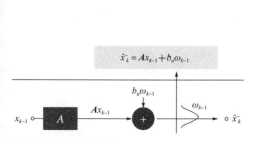

图 6　状态的预先估算

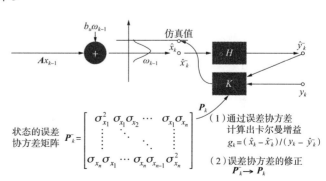

图 7　根据观测值的估算值与实际值的偏差估算正确状态的步骤

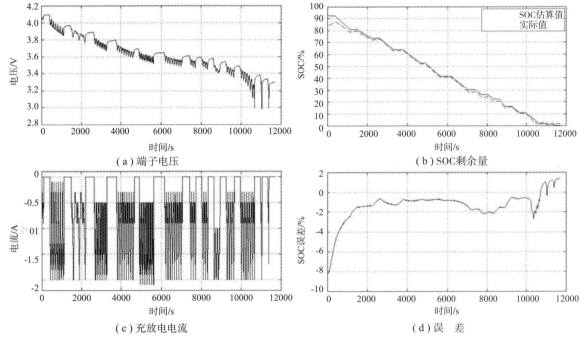

（a）端子电压　（b）SOC剩余量

（c）充放电电流　（d）误　差

图8　卡尔曼滤波器的应用

■ 电流、电压测量与电池剩余容量计的制作

● 使用卡尔曼滤波器的剩余容量计的制作

图9为试制的剩余容量计的框图。实际上，这个电路板不仅可以测量剩余容量，还实现了电池内部温度的估算，以及劣化诊断等功能，可用作电池智能传感器（图10）。

外围电路的电流、电压、温度测量部分是公用的，微处理器通过多重程序的自动调度实现多个功能。

● 电压测量、电流测量和温度测量

用外围电路进行电压测量，使用了TI公司多功能监视IC中的BQ76920。TI公司生产的电池监视系列IC有很多种类，用于构建组合电池的BMS（Battery Management System，电池管理系统）时十分方便。不同类型对应的电压测量范围不同，BQ76920为5串（5个电芯串联），BQ76930为10串，BQ76940为15串。测量结果经A-D转换后作为数字信号输入微处理器。

通过测量分流电阻的两端电压进行电流测量。另外，温度计使用的是ADT7410。

● 卡尔曼滤波器用微处理器

剩余容量估算用的卡尔曼滤波器，使用的是NXP公司的ARM mbed微处理器LPC1786。mbed的程序生成、编译处理的全部过程都是在浏览器上进行的，不

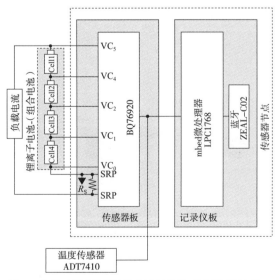

图9　安装了剩余容量计的电池智能传感器的试制电路

图10　安装了剩余容量计的电池智能传感器的试制板

需要开发环境，只要有与 mbed 联网的计算机就可以进行程序开发。此外，mbed 有丰富的库，可以轻易地构建使用 LCD、LAN、microSD 等的系统。

● **软件的动作验证**

在开发过程中对剩余容量计进行软件动作验证时，使用了图 11 所示的 mbed 评估板。使用评估板上的 LCD、LAN、microSD、USB Host、LCD I/F 等快速构建应用程序和系统，进行实验评估，提高了调试阶段的效率。动作全部验证后，将程序上传至电池智能传感器。

● **卡尔曼滤波器的精度高于安时积分**

开发完成的系统采样时间为 1s。在 1s 内，用来进行剩余容量估算的卡尔曼滤波器 CPU 的时间为 10ns 左右。

为了进行比较，也实现了安时积分法，由于采样时间长，误差为 1.2% 左右，且出现了误差值随着处理时间增加而增大的趋势。但是，卡尔曼滤波器的误差仅在 0.3% 左右，不存在误差扩散的现象。

● **模型的高精度化，温度修正和劣化修正**

只要模型正确，采用卡尔曼滤波器就能估算出高精度的结果。因此，作为状态的一部分而被定义的内阻值，不仅要考虑 SOC，还必须考虑温度和劣化也存在很大的变动。

另外，状态的系统噪声有必要进行动态设定。这方面的内容相对比较专业，请参考相关的论文。

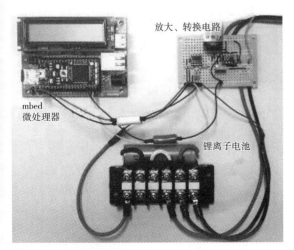

图 11　mbed 评估板

放大、转换电路

mbed 微处理器

锂离子电池

组合电池的测量与差异控制

● **实际上，组合电池用得较多**

如前所述，锂离子电池单个电芯的电动势在 4.1V 左右。需要更大的电压，或需要大电流时，将电芯进行串 / 并联，以组合电池（电池组）的形式使用的情况比较多。EV 多使用 270 ~ 440V 电压驱动，组合电池需要 80 ~ 200 个电芯。如果以约每 20 个电芯组成一个模块，则需安装数个模块。

此时，就使用组合电池时，如何考量电池容量和剩余容量及其计算方法进行说明。计算的基础是各个电芯的容量和剩余容量，前面说过的电芯剩余容量估算是前提。

● **组合电池的电池容量 FCC 和充电率 SOC**

我们来看组合电池的电池容量 FCC 和充电率 SOC 是如何确定的。

（1）电芯串联时

电芯串联的组合电池充满容量 FCC（图 12），取决于串联的最小容量的电芯。串联的电芯从空的状态充电时，通过每个电芯的电流都是相同的，所以容量最小的电芯达到充满状态时，电池的充电就结束了。

（2）电芯并联时

电芯并联（图 13）时，FCC 为并联电芯的总和。另外，电流让所有的电芯达到相同电压，各个电芯的 SOC 也相等。充放电时的电流，根据电芯的 FCC 比率进行分配（分流）。

（3）电芯为 n 串 m 并时

n 个电芯串联为一组，并联 m 组而构成的模块，设各电芯的 FCC 为 FCC_{ij}（i 增加的方向为串联，j 增

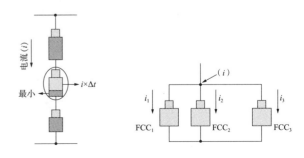

图 12　串联的 FCC　　图 13　并联的 FCC

加的方向为并联）时，整体的 FCC_{all} 可用下式表示。

$$FCC_{all} = \sum_j \min_i FCC_{ij} \quad （3）$$

对于 SOC，并联时每个电芯都是一样的，因此只要考虑串联电芯的 SOC 计算方法。

如图 14 所示，一般情况下，串联电芯中的某一个放电至空时，其他电芯还有剩余容量。假设此时电芯 i 的 SOC 为 SOC_{min_i}，放电时的容量损耗（图 14 中的阴影部分）可用下式表示。

$$LL = \sum_{i=1}^n SOC_{min_i} \times FCC_i \quad （4）$$

式中，FCC_i 为电芯 i 的 FCC。

如图 15 所示，充电时，串联电芯中的某一个电芯最先达到充满状态时，其他电芯还未充满。此时，假设电芯 i 的 SOC 为 SOC_{max_i}，充电时的容量损耗（图 15 中的白色部分）可用下式表示。

$$LU = \sum_{i=1}^n \left\{ \left(1 - SOC_{max_i}\right) \times FCCi \right\} \quad （5）$$

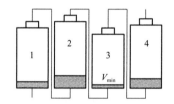

图 14　组合电池完全放电时的状态

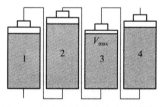

图 15　组合电池完全充电时的状态

考虑到这些损耗，电芯串联的组合电池的 FCC 可以通过下式求得。

$$FCC_{all} = \sum_{i=1}^n FCC_i - LL + LU \quad （6）$$

这是电芯串联组合电池的容量，各个电芯的 SOC 为 $SOCmax_i$ 时，可以输出的容量 C 可用下式表示。

$$C = \sum_{i=1}^n FCC_i SOC_i - LL \quad （7）$$

整体的 SOC $= SOC_{all}$，用下式表示。

$$SOC_{all} = C/SOC_{all} \quad （8）$$

此外，各个电芯的 FCC 相等时，用下面的公式表示。

$$SOC_{all} = \min（SOC_i） \quad （9）$$

● **充满容量的差异逐渐扩大**

在电芯串联的组合电池中，存在 SOC 差异时，如图 16 所示，充电时易过充电的电芯和放电时易过放电的电芯都是固定的。

这造就了这些电芯易劣化的条件。如图 17 所示，随着劣化的加剧，电芯的电池容量减小，更容易达到电压的上下限，最终导致劣化进一步加剧。

● **热差异也会产生劣化**

对电池而言，外部容易散热，中心部位不易散热，这样就出现了温度偏差。经常处于高温状态的电芯易发生劣化，如果该电芯发生容量劣化，就会遵循图 16 和图 17 的原理加速劣化（图 18）。

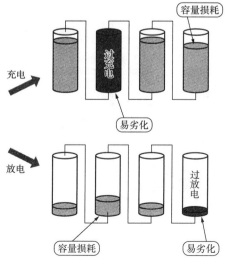

串联导致SOC失衡

问题点：
①某些部分易引起过充电、过放电，加剧劣化
②由于局部的制约，电池容量得不到充分发挥

图 16　SOC 差异的影响 ①

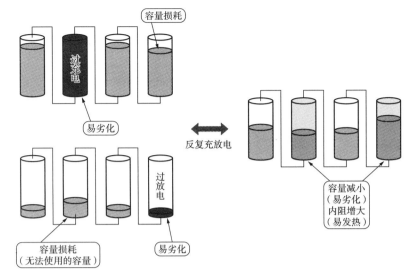

图 17　SOC 差异的影响 ②

图 18　热差异的影响

由于这样的理由，尽量减小电池各个部分的温度偏差，可以有效地抑制电池的劣化。

电池劣化的机理与抑制方法

● 电池的劣化问题非常重要

用于汽车的锂离子电池，价格昂贵，所以人们期待它可以作为备用电池进行再利用。另外，使用期限超过 10 年的长寿命使用也是人们所期待的。否则，用作应急电源和 UPS 时，在紧急情况下因劣化而不能充分发挥性能就没有意义了。这里，就电池劣化的机理和抑制劣化的方法进行说明。

■ 电池劣化的基本原理

● 锂离子电池的结构与劣化原理

图 19 展示了锂离子电池的结构和主要劣化现象。

在负极表面生成的极薄的 SEI 膜导致电池容量减小，以及正极表面晶体结构的变化引起内阻增大，被认为是劣化的主要原因。

此外，电极活性物质上锂离子嵌入和脱离引起的胀缩，会导致内阻增大。过充电和低温充电导致负极表面锂金属析出，导致电池容量减小和内部短路的危险性增大。

■ SEI 和电解质的劣化

● 在负极生成的 SEI 会带来什么

SEI（Solid Electrolyte Interphase，固体电解质界面膜）是负极表面的电解质与锂离子的化合物形成的保护膜，是离子导电性很好，但是电导率很低的物质。SEI 的成分为 LiF 和 Li_2CO_3 等。

SEI 的形成导致可移动的锂离子数量减少，即电池容量减小。同时，电解质中起关键作用的盐（$LiPF_6$ 等）减少，也会引起电阻增大。

● SEI 的平方根规则

假设负极附近锂离子的反应量为物质的量 x，则 SEI 导致的容量劣化率（锂离子减少率）为 dx/dt。这样，锂离子的电子迁移率受到的限制与 SEI 的电导率成正比。因此，可导出式（10）。

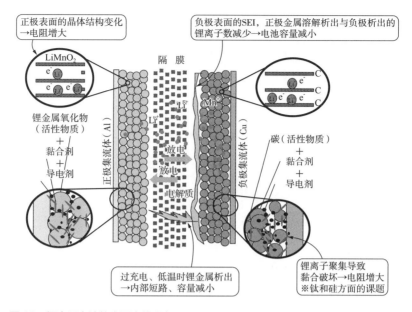

图 19　锂离子电池的主要劣化现象

$$\frac{dx}{dt} = \frac{k\chi s}{e} = \frac{k\chi s}{e_0 + ax} \qquad (10)$$

这里，χ、s、e 分别是 SEI 的介电常数、界面面积、膜厚，e_0、a 分别是 SEI 的初始厚度与厚度增长比例常数。将 $k\chi s$ 作为常数 b，在初始阶段（时间 $t = 0$），物质的量 x 为 0 的劣化反应条件下，对式（10）进行积分处理，得到下式。

$$\frac{1}{2}ax^2 + e_0 x - bt = 0 \qquad (11)$$

也就是说，SEI 的增长速度与时间的平方根成比例，这叫做"平方根规则"（图 20）。

● 降低温度，劣化减缓

SEI 的厚度，也被认为会随热量导致化学反应加速，即遵循阿伦尼乌斯方程而增加。

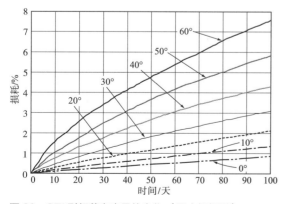

图 20　SEI 引起蓄电容量的劣化（平方根规则）

若平均温度下降 10℃，劣化率就会降低 1/2（寿命延长到 2 倍）。注意：并不是劣化减小了 1/2，而是劣化率降低了 1/2。

● 正极活性物质表面的劣化

如果充电时表面附近的锂离子减少，正极活性物质表面就逐渐转变为四方晶系，从而导致正极表面电阻变大。另外，充放电使正极活性物质产生裂纹等也会增大电阻。还有，高温导致的正极金属溶解析出，引起活性物质减少，也会增大电阻。

● 黏合剂的劣化

正负极在充放电时，因锂离子的迁移而胀缩。通过对材料的改良，实际应用中的胀缩率是很低的。但是，胀缩会破坏活性物质和黏合剂。碳负极被广泛应用的理由是，随着制造技术的发展，充放电时的胀缩得到了很好的控制。特别要提到的是，硬碳非常昂贵，但是其胀缩是最小的，可以抑制周期劣化。作为新一代的负极材料，虽然备受关注的钛和硅等，但胀缩导致劣化是必须解决的最大课题。

● 隔膜、集流体的劣化

隔膜耐热性、耐压性的劣化，孔隙的堵塞引起电阻增加（输出功率下降）。正极集流体铝与氟的结合生成氟化铝，增加了集流体的电阻。

■ 保存劣化和周期劣化

● 因放置不用而引起的保存劣化

不进行充放电，在一定的 SOC 状态下放置时，电池的劣化叫做保存劣化。

在保存劣化中，容量劣化主要受 SEI 劣化的支配。SOC 高的时候，负极附近的锂离子浓度高，会加速 SEI 的形成。

如前所述，在温度较高的情况下，SEI 的形成加速，劣化加剧（图 21）。

一般来说，高温保存电池时，应尽可能避免 SOC 过大；在阴凉处保存时，最好将 SOC 保持在 20% 左右。保存劣化中的内阻增大，主要是正极表面结构变化引起的（也会引起电解质电阻增大）。

● 反复充放电引起的周期劣化

反复充放电引起的周期劣化，即充放电时形成的 SEI 导致容量（FCC）减小加速（图 22）。

特别是① SOC 较高的时候，②充电电流较大的时候，③温度较高的时候。

在温度较高的时候，内阻的增大也会加速。不同充放电深度下，正负极板的胀缩导致活性物质出现裂纹或黏合剂破坏，也会引起电阻增大。

● 低温劣化

低温时，电极表面电阻变大，负极活性物质表面出现明显的锂金属析出（枝晶），锂离子数量大幅减少，这也是电池容量大幅减小的原因。

在零度以下充电一般是被禁止的，大多推荐在加温之后再充电。但随着负极材料的改良，也出现了允许在低温区域充电的电池类型。

枝晶生长会引起正负极之间的内部短路，这很危险。

■ 劣化建模

● 劣化建模与劣化诊断

劣化的初始阶段，SEI 的形成引起的容量下降占支配地位，平方根规则成立。之后，活性物质和黏合剂的劣化导致容量下降，容量减小越发严重。

图 23 中给出了保存劣化的测量实例。

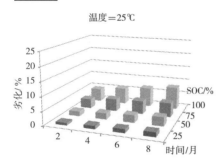

图 21 保存劣化的趋势

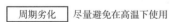

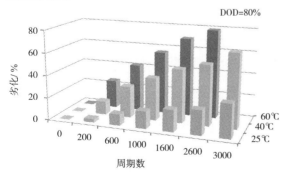

图 22 周期劣化的趋势

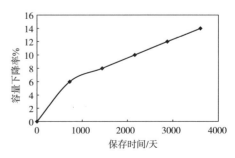

图 23 保存劣化的测量

劣化是一种综合性现象，很难对其进行建模或用公式表达，要明确在什么条件下进行电流修正、SOC修正、温度修正等（图24）。

通过系统定义，OCV、SOC、内阻等动态特性的掌握，可以对劣化的趋势进行高精度的修正（图25）。

● 组合电池的劣化模型

如前所述，一般的电池系统，是以串并联形式用于 EV 或作为备用电池使用的。可以通过模拟器进行使用状态下的充放电功能、发热、劣化数据的求取。

根据组合电池的温度分布或 SOC、FCC 分布，动态地模拟电池的劣化状态。此前通过热网络法进行的温度分布计算，组合电池的电流、SOC 及 FCC 的计算，可以通过 MATLAB 等构建劣化模拟器。

笔者构建的模拟器结构如图 26 所示，显示画面如图 27 所示。

■ 劣化的指标

表示电池劣化程度的指标，使用的是 SOH（State of health，健康状态）。容量劣化（容量减小）和内阻增大而引起的劣化，虽然具有关联性，却是来源于不同的化学反应。因此，用不同的指标来定义。

（1）容量减小引起的劣化

容量减小引起的劣化指标为 SOH_C，表示能量密度的减小。电池寿命结束 EOL（End of Life）时的容量由下式定义。

$$SOH_C = \frac{劣化时的充满容量-EOL时的容量}{初期充满容量-EOL时的容量} \times 100\% \quad (12)$$

备用电源、应急电源用电池，主要使用 SOH_C 进行劣化判定。

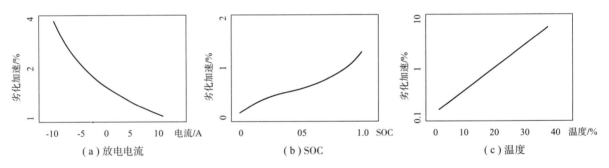

图24　保存劣化的修正系数

（a）放电电流　　　（b）SOC　　　（c）温度

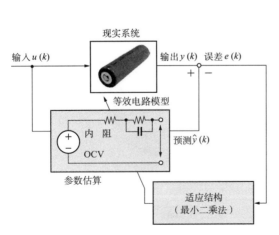

图25　系统定义劣化诊断

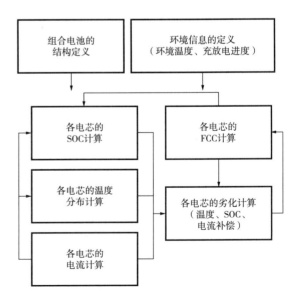

图26　组合电池劣化模拟器的结构

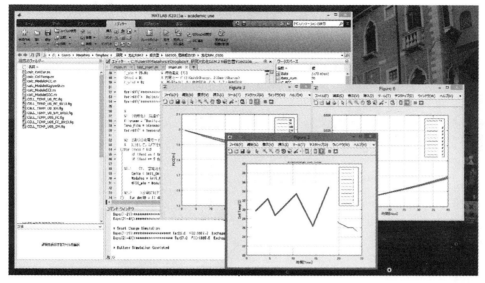

图 27　用 MATLAB 构建的劣化模拟器

（2）内阻增大引起的劣化

内阻增大引起的劣化指标为 SOH_R，表示输出密度的减小。根据电池寿命结束时的内阻值，由下式定义。

$$SOH_R = \frac{R_{EOL} - R}{R_{EOL} - R_{new}} \times 100\% \qquad (13)$$

在 EV、HEV 中，主要使用 SOH_R 进行劣化判定。对 UPS 来说，基于这两个指标的判定都非常重要。

■ 如何抑制劣化

● SOC 的限制——以太阳能发电的蓄电为例

我们以太阳能发电（PV 电池板）为例，来考虑劣化。以配备 PV 电池板的智能住宅为对象，计算 8 ~ 12 月和每个小时的发电功率和耗电导致的电池劣化，并算出每个月的总成本（日元）。

假设电池容量为 10kW [电池价格为 10 万日元 /（kW·h）]，PV 容量为 4kW·h，进行模拟。分别使 SOC 上限值在 0 ~ 100% 变化，以求最优解，结果如图 28 所示。

● 夏季限制 SOC，冬天则提高 SOC 上限

从结果中可以看出，最佳 SOC 上限也会根据环境温度变化。夏季的劣化损耗较大，进行 SOC 限制可以降低成本。

冬季适当提高 SOC 上限，也可以减小损耗。

● 将来锂离子电池会更便宜

图 29 是考虑到 10 年后锂离子电池变得更便宜 [2 万日元 /（kW·h）] 时的模拟结果。不使用电池、PV 的情况下，每月的费用为 18000 日元，相比之下节约了成本。

与图 28 相比，SOC 的上限宜设定得更高。

● 温度管理，差异管理

组合电池的性能取决于劣化最严重的电芯。因此，电芯温度、SOC、容量、内阻的差异是导致电池

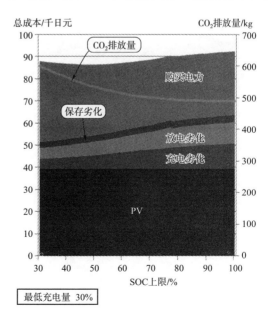

图 28　智能住宅运行费用与电池 SOC 上限的关系

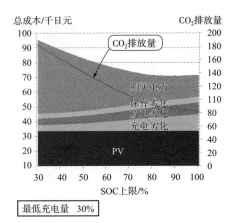

图 29 电池价格降低后的智能住宅运行费用与电池
SOC 上限

性能下降和劣化加速的主要因素。如果对每个电芯都
进行 SOC 管理和温度管理，进而减小劣化最严重的
电芯的负荷，就能够对整个电池的劣化起到抑制作
用。但是，这样的管理非常复杂，目前还没有行之有
效的方法。

对各种参数的差异进行抑制的有效手法是安装
SOC 均衡电路。另外，在组装电池的时候，通过筛选（对
生产的电芯进行分类、分组），用容量和内阻特性相
近的电芯组成组合电池，也可以抑制劣化。

电池的均衡电路是通过外部电阻控制电流，使电
芯之间的电压相等的方法。同时，也有人提出了使用
互感器在充电侧回收放电电流的方法。像这样的方法
有很多，要根据系统需求进行选择。

另外，为了减小温度差异，也要在风冷措施上下
功夫。

● 使用双电层电容器辅助

相较于铅酸蓄电池等，锂离子电池不易劣化，但
在经过数百次充放电后，也会发生容量减小。相比之下，
双电层电容器几乎不会出现劣化，功率密度是锂离子
电池的 4 ~ 5 倍。因此，以双电层电容器辅助电池使用，
可以减小电池劣化，确保电池的输出功率。

有将电池与电容器并联使用的，也有将电池接
DC-DC 变换器的。后者的劣化抑制效果要好很多。

热失控的机制与预防方法

——安全对策与意外处置方法

〔日〕福井正博　执笔｜罗力铭　译

第一次使用锂离子电池时，资深工程师也许会对你说"锂离子电池危险，重新考虑一下。"正如前文所述，锂离子电池的能量密度高，一旦出现热失控，是很危险的。但是，其危险性有多大？作为安全对策，我们要关注哪些方面？这就是本章的重点内容。

（编者按）

热失控的机制

● 有多大的能量？

虽说危险，我们也要知道到底有多危险。如果亲身经历过这样的危险情况，就会有切身体会。但是，一定不能以身犯险。

虽然不是十分严谨，但我们就锂离子电池与美军目前使用的 M26 手榴弹（图1）进行了能量对比。

● 电池所具有的能量，不仅仅是电能

M26 手榴弹（150g TNT）的能量为 206W·h。18650 型 3A·h 锂离子电池的能量为 12W·h，17 个这样的锂电池（图2）的能量相当于 1 个 M26 手榴弹。

这是在没有起火的情况下进行的比较。也就是说，这里所说的电池的能量，是电池储存的电能。一旦起火，电解液中的有机溶剂发生燃烧，锂离子电池的能量会变大好几倍，这是十分可怕的事情。

锂离子电池是我们日常生活中和平利用的电池。

但是，在这里笔者还是想提醒大家：在高能设备上，要有安全使用电池的意识，这非常重要。

● 温度上升与热失控——高于 60℃时需要注意

锂离子电池是人类历史上的理想蓄电设备，笔者希望实际使用锂离子电池时有杜绝事故的方法。图3 总结了锂离子电池随温度上升的危险性变化。

（1）0 ~ 45℃

通常的使用温度为 0 ~ 45℃，在这个范围内没什么问题。

（2）60 ~ 100℃

60℃时，保存劣化、周期劣化加速。暂时性存放是可以的，长时间存放则会导致电池寿命急剧减少。另外，电解液的分解导致电池膨胀的危险性增大。

（3）100 ~ 120℃

温度进一步上升至 100℃时，负极产生 CO_2 气体，排气阀动作或液体泄漏的危险性增大。

（4）120 ~ 150℃

在 120℃左右，电池隔膜溶解，自动关断效果会暂时抑制温度继续上升。

图1　M26 手榴弹（150g TNT）

图2　18650（3A·h×16）

（5）150～180℃

由于某种原因，受热超过散热时，温度又会上升。到达150℃左右时，电池隔膜的自动关断效果开始减弱，受热剧增。

（6）180℃以上

在180℃左右，正极分解，产生氧气。此后，若受热剧增，则会进入热失控状态（起火、爆炸等）。

● 可怕的是局部高温

尤其可怕的是，电流集中在局部，温度迅速上升。

例如，向锂离子电池的电芯中插入一颗钉子。在钉子还没有完全贯通电芯的状态下，电池中发生反应的部分会向已经贯通的部分注入大电流，导致电池局部高温。

● 组合电池的可怕之处

更可怕的是组合电池。其中某个电芯的内部发生短路时，必会承受从其他电芯流入的大电流。即使该电芯起火不引发问题，也会导致相邻电芯受热，燃烧扩散，这就成了大问题。

防止热失控的机制

● 用于交通工具时，安全对策尤其重要

越是大型化、高能化，电池的热失控问题越容易暴露。要有发生故障时立即切断电源的机制，以及防止起火的机制。

在飞机、人造卫星、宇宙开发方面，高能量密度的锂离子电池的魅力不可小觑，今后的普及程度肯定会越来越高。关于宇航工业的电池安全性，美国NASA Aerospace Battery Workshop进行了相关的探讨（在其官网上公布了相关资料）。

● 针对热失控的预备知识

图4就热失控的产生机制进行了说明。如图3所示，受热超过散热的条件持续下去，就会引发热失控。

其原因是，外部的加热（如火灾、电路发热、日照等）和内部的发热（低温下形成枝晶与内部短路、过充电、过放电、过电流、浸水导致的过放电、冲击导致的内

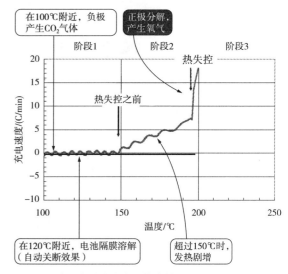

图3　锂离子电池的充电发热会带来什么?

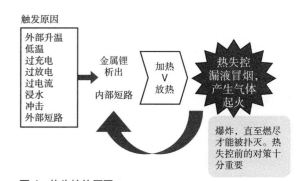

图4　热失控的原因

部短路、外部短路造成的过电流等）引起锂离子析出，内部短路范围扩大。

热失控的对策

● 热失控难以杜绝

不管预防热失控的对策做得多么充分，也不能杜绝事故的发生。因此，要准备好万一发生热失控时的对策。

出现热失控时，会出现漏液、冒烟、气体爆炸、起火等现象。电解液与汽油一样，一旦着火，除非燃尽，否则很难扑灭（图4）。另外，析出的金属锂遇水产生氢气，导致爆炸，也会使灭火变得困难。

● 生命第一

首先要将生命安全放在第一位。应当知道，即使

在静置的状态下，电池也有燃烧引发突然爆炸的可能。必须杜绝爆炸的发生，避免造成人身伤害、系统遭受致命性损害。

● **从负极断电是不可动摇的原则**

出现热失控时，在确保人身安全的前提下，要做的就是切断电源。避免接触高电压端子等，防止二次灾害的发生。

通常情况下，电池外壳是接地的。断开电池端子的电缆时，应当先断开接地的负极，再断开正极。这是不可动摇的基本原则。

先断开正极，有触电或短路的危险。

● **严禁用水灭火——准备灭火器**

进行实验性操作，如进行自制 EV 行驶试验时，一定要准备好灭火器。万一发生火灾，用水灭火很可能会发生严重的化学反应。不管是金属锂，还是有机溶剂，遇水都非常危险。这是应当记住的基础知识。

大容量的灭火器，根据灭火特点可分为 4 个等级：A 级用于木材等的起火，B 级用于引火性液体的起火，C 级用于电气设备的起火、须用非导电性灭火材料扑灭的起火，D 级用于可燃金属引起的火灾。

灭火器应和防火毯配合使用。

● **需要准备的其他物品**

在实验室，应常备有护目镜、防火服、隔热手套、装有干砂的提桶。干砂对于初始阶段的灭火很有效。

但是，应该在充分确保自身安全的前提下进行灭火操作。因为需要专业的灭火知识，所以在发生事故时，最好交给具有消防专业知识的人士处理。

● **在波音 787 上发生的事故**

2013 年 1 月 7 日，在完成从成田飞往波士顿的航行任务后，准备执行 JAL008 航行任务的飞机在停机坪发生了起火事故。飞机驾驶舱下面的锂离子电池（8 个电芯）中的 1 个电芯出现内部短路导致发热，致使其他 7 个电芯起火。

在上述事故发生 9 天之后的 1 月 16 日，由山口飞往羽田的 ANA692 航班的飞机电气室内出现了冒烟，在高松机场紧急降落。这些都是锂离子电池起火引起的事故。

JAL 航班的事故是在美国发生的，美国国家运输安

图 5　波音 787 电池起火的原因与对策（摘自 NASA Aerospace Battery Workshop 的报告）
National Transportation Safety Board "Boeing 787 Battery Investigation"，NASA Battery 2013

全委员会（NTSB）进行了事故调查并发表了调查结果。

图 5 是 NTSB 在 NASA Aerospace Battery Workshop 报告的资料的一部分。报告中提出，事故发生时，东京上空有强冷空气，飞机的电池室在极低温的情况下，电池析出锂金属，以及控制电路出现大的发热、受到机械冲击等多种原因的综合影响下，导致了事故的发生。最终，作为防止事故发生的对策，改进控制电路的设计、防止电芯之间起火等方面的内容被采纳，同时也就电池室的设置位置等提出了新的方案。

日本运输安全委员会对 ANA 飞机上出现的事故发布了调查报告，具体内容可以在网上查看。

BMS① 的功能

● **建模赶不上快速进步的技术发展**

与以往的铅酸蓄电池相比，锂离子电池的活性物质种类更多，且相关材料技术的发展日新月异。这对锂离子电池本身来说是很好的事情，却也让电池管理变得困难。

随着电池技术的进步，电池模型也在发生变化，因此要有与此相应的管理系统。但是，对不断进化的电池，进行包括温度特性、劣化等在内的准确建模，是非常耗时的。

因此，为了确保安全性，需要安装多重安全装置。承担这一任务的就是电池管理系统。

---

① BMS: Battery Management System，电池管理系统。

● BMS 承担的多种功能

电池及其使用的系统不同，BMS 也千差万别。但是，基本功能是监视、保护、测量、通信、诊断（图6）。

监视的对象是电压、电流、温度等。也有分别设定上下限值，检测过充电、过放电、过电流、温度异常的检测，异常时切断电路进行保护的基本功能。

● 作为保护电路安装

BMS 的这些功能，实际应用中作为电池本身的保护电路[①]安装，是由较小的电路、双金属和 PPTC[②]元件等构成的。

图7所示的具有保护功能的 18650 型锂离子电池，外观上看不见电路，其实是在端子部位安装了保护电路。大家使用的手机（智能手机）的电池中也有保护电路（图8）。

● 以电芯为单位进行分级管理

蓄电系统的最小单位是电芯，组合后形成实用的电池模块，再组合后形成电池组系统，结构层次如图

8 所示。因为是数个或数十个电芯连在一起的，所以单独对每个电芯进行扁平管理是很困难的。因此，电池管理系统（图9）采用的是分级管理，对上层和下层分别进行管理。

如果是模块或系统级，使用组合电池，劣化诊断、电芯均衡、温度分布的测量和冷却效果的验证等就变得重要了。

另外，也需要将状态传输到主机进行通信。汽车上使用的是 CAN[③]协议。

结构层次

（a）电池组系统
例：350V，
14个模块串联

（b）电池模块
例：140个电芯
（20并7串）
25.2V
58A·h

（c）电芯
例：3.6V
3A·h

电池组ECU的功能
- 电池模块温度、电池组电压的测量
- SOC的计算
- SOH的计算
- 容许输入输出功率的计算
- 电池异常的检测
- 冷却管理

模块ECU的功能
- 电池模块电压、电芯温度的测量

图8 电池系统的结构层次与BMS

BMS: Battery Management System
① 电压、电流、温度的监视
② 过充电、过放电、温度异常时自动关断
③ 电芯均衡，SOC/SOH估算
④ 保护模式，检查模式
⑤ 充放电控制

监视功能	保护功能	测量管理	通信诊断
· 电压（电芯、模块） · 电流（电芯、模块） · 温度（多点） · 风量 · 加速度	· 过充电 · 过放电 · 过电流 · SOC上限 · SOC下限 · 温度异常	· SOC · SOH · 电芯均衡 · 温度管理 · 冷却控制	· CAN · 蓝牙 · 特性提取 · 劣化诊断 · 统计处理

图6 BMS 的功能

保护电路

图7 带保护功能的 18650 型锂离子电池

图9 具有均衡功能的 BMS

---

① PCM：Protection Circuit Module，保护电路模块。
② Polymer Positive Temperature Coefficient：高分子聚合物正系数温度元件。
③ Controller Area Network，控制器区域网络。

保管的注意事项

● 保管的注意事项

　　保管锂离子电池时，原则是较低的 SOC（为了防止过放电的危险，设置在 20% 左右），尽量在低温环境下，避免温度低至 0℃ 以下（10℃ 到常温），通风良好，湿度低，避免太阳直射和高温。

　　电池保管库（图 10）中，①只能存放电池；②附近不可放置可燃物体；③加装带钥匙的耐火锁；④粘贴危险标识；⑤万一发生火灾或者爆炸，不要随便打开柜门。

● 不放置在机器内

　　不要在设备内长期放置锂离子电池。否则，机器的泄漏电流有可能导致电池过放电。

● 电池的报废方法

　　报废锂离子电池时，需要注意以下几点。

　　① 锂离子电池和其他电池不可混放，应有明确标志。

　　② 用聚乙烯薄膜包裹电池进行绝缘后，放入塑料袋，然后放进金属罐，以防止漏液造成的损害。

　　③ 当然，不可以焚烧。所以，不能与一般垃圾放在一起。

　　④ 报废后，应放入可再利用回收箱，或者委托专门的回收公司进行回收。

实验、制作、组装时的注意事项

　　最近，在电子制作方面，锂离子电池的使用量逐渐增加。为了警惕危险，笔者总结了相关注意事项。

● 绝对要避免外部短路和触电

　　在剪断电线时，要一根一根地剪断，同时剪断两根电线有引发短路的危险。所有的工具都应该用塑料（聚乙烯胶带、热缩管等）进行保护（图 11、图 12）。

　　操作时，不佩戴金属饰品（手表、戒指、吊坠）也很重要。不要把端子等金属部分暴露在外。应使用聚乙烯胶带或热缩管进行绝缘。

● 端子的连接
（1）基本上不使用电池盒

　　18650 等与 5 号电池相似，也许有人认为可以使

图 10　电池保管库

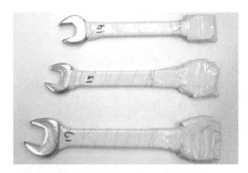

图 11　防止短路事故对工具的处理①
用绝缘胶带缠绕

图 12　防止短路事故对工具的处理②
用热缩管绝缘（注意不要超过 150℃）

用电池盒。实际上，只有在小功率的情况下才可以使用电池盒等。

使用电池盒时，接触电阻比锡焊和直接焊接时大得多，通过大电流时会发热。

（2）不直接进行锡焊

笔者反复提及，要注意发热导致高温和热失控的危险。一般来说，端子的连接，最好采用锡焊或低温焊接。直接对电池进行锡焊，电池会变热，很危险。

使用带极耳的电池（图13）时，焊接温度不要超过150℃。将端子压接在一起，可以实现低电阻、牢固的连接。

（3）高功率时，用螺栓固定

高功率的工业用电池的端子为可压接结构，采用螺栓固定压接。

不过，螺栓的拧紧压力可能会导致端子部分受损，因此要在规定的压力下拧紧。务必使用扭矩扳手，一边调节压力，一边进行压接。

（4）点 焊

进行EV电池组的配置时，经常使用点焊。

● 注意电池漏液

电池分解很危险。在没有电池分解室等的条件下，不要进行电池的分解。

确认电池端子处是否存在漏液也很重要。如果有漏液，请委托专业公司进行销毁处理。操作时，为了防止漏液或漏气，请戴护目镜（图14）。

● 为了避免人为失误，接线由一人操作

实验接线应由一人操作。由两人或多人接线时，避免短路的意识会被忽略，是很危险的。因此，应该由一人接线，另一人进行确认。

● 连接和断开端子的方式

断开汽车的电池端子电缆时，要先断开接地端（负极），再断开正极。

因为汽车的车身是接地的，操作时人体总是与地面接触的。如果不小心触碰到了正极端子，就会有触电的危险。另外，正极端子、车身与工具产生短路时也很危险。因此，应该首先断开接地端的接线。

连接时，顺序与上述步骤正好相反，先连接正极端子并进行绝缘保护，然后连接接地端。

图13 带镍极耳的电池

图14 护目镜

无人机等也有很多是使用锂离子电池的。为了防止掉落等冲击影响电池，应该在电池的安装位置上下功夫。掉落的电池，受到冲击的电池，受过压力的电池，过充电、过放电的电池都是危险的，一定不要使用。

● 伴随危险的实验交给专业人士

电池的针刺测试、承压测试等伴随着一定的危险，应在专用的电池测试室，并在专业人士的指导下进行。

充放电时的注意事项

● 必须遵守上限电压

充放电时，应该遵守指定的电压和电流规定。例如，超过上限电压0.1V，有时会让电池出现20%左右的过充电。因此，必须严格遵守充放电的上下限电压。

电流也是一样的，请遵守指定的电流条件。

● 发现电池膨胀时应停止使用

充电时的发热等，会导致电池膨胀。这是非常危险的情况，此时应停止使用并请专业人士进行报废处理。

● 使用锂离子电池专用充电器

请使用指定充电器。因生产商和品种不同，电池

的电极材料也会不同，锂离子电池的特性也各不相同。

如前所述，BMS 是根据电池特性设计的，用于特性不同的电池时，有百害而无一利。

出现意外时的应对

● 电解液进入眼睛时

用大量的水清洗 15min 以上，并立即就医。

● 电解液接触到皮肤

用大量的水清洗 15min 以上，立即脱掉被电解液污染的衣服并及时就医。

● 吸入气体

在有新鲜空气的地方，尽量深呼吸，把吸入体内的气体排出去。出现呼吸困难时，采取吸氧或人工呼吸等急救措施，并及时就医。

结束语

本专题的重点是锂离子电池的原理和使用上的注意事项，特别是安全使用方面的必备知识。锂离子电池是目前备受瞩目的蓄电装置，应该在充分了解其特点和注意事项的基础上进行实际应用。

参考文献

[1]『NEDO 二次電池技術開発ロードマップ 2013（Battery RM2013）』，2013 年 8 月，NEDO。

[2] 堀江英明；『リチウムイオン蓄電池［基礎と応用］』，2010 年 8 月，培風館。

[3] Jung-Ki Park；"Principles and Applications of Lithium Secondary Batteries"，2012 年 8 月，Wiley。

[4] Phillip Weicker；"A System approach to Lithium-Ion Battery Management"，2013 年 11 月，Artech House。

[5] K. Onda, T. Ohshima, M. Nakayama, K. Fukuda and T.Araki；"Thermal behavior of small lithium-ion battery during rapid charge and discharge cycles"，vol.158，pp.535-542，2006，J. Power Sources.

[6] 片山徹；『非線形カルマンフィルタ』，2011 年 11 月，朝倉書店。

[7] 勝純一；『超お手軽マイコン mbed 入門』，2011 年 3 月，CQ 出版社。

[8] 古平晃洋；『シリーズ最強！PSoC 3 ボード + デバッグ・ボード』，2012 年 5 月，CQ 出版社。

[9] National Transportation Safety Board；"Boeing 787Battery Investigation"，NASA Battery 2013，https://batteryworkshop.msfc.nasa.gov/，参照日：2016 年 3 月 15 日。

[10]『リチウムイオン二次電池の安全で正しい使い方』，http://www.baj.or.jp/safety/safety16.html，参照日：2016 年 3 月 15 日，電池工業会。

锂离子电池的制作

——深入了解结构、工作原理和危险性

〔日〕白田昭司 执笔｜罗力铭 译

很多读者说,从没想过从零开始制作锂离子电池。有人认为,制作锂离子电池需要有相当大规模的高尖技术设备。实际上,制作锂离子电池并不难。很多人想的是"有电池用就可以了,我可对电池制作没什么兴趣。"但是,如果能亲历锂离子电池的制作过程,就可以更好地理解锂离子电池的结构和工作原理,还可以更深刻地体会到安全使用技术的意义。这里,笔者将介绍如何在普通实验室里制作锂离子电池。

（编者按）

引言：制作锂离子电池的目的

只要有简单的设备,在实验室里制作锂离子电池并不困难。之所以说不困难,是因为锂离子电池的结构非常简单。锂离子电池的性能,在很大程度上取决于正负电极材料,只要目睹了实际的制作工序,你就会明白其中的道理。本文并不是要介绍制作具有某种特性的锂离子电池的方法,而是通过制作锂离子电池,让读者更加切实地理解其结构,仅展示最基本的锂离子电池制作工序。

本文中,锂离子电池的制作分为上游工序与下游工序两部分。从形成正负电极片活性层所需浆料①的制作,到完成正负电极片制作的工序,称为上游工序。使用正负电极片制作电芯的工序,称为下游工序。再次强调,这里不使用量产的大型设备,只使用实验室里可以找到的材料和设备,进行锂离子电池的制作。

首先,我们来看看锂离子电池的结构和制作过程的概要。然后,介绍制作正负电极片所需浆料的具体调配方法,以及如何将浆料涂敷到集流体上,形成薄膜。最后,介绍如何使用正负电极片组装电芯。

锂离子电池制作概要

● 制作工序的概述

锂离子电池根据形状可分为叠层型、纽扣型、圆柱型等,电池容量和尺寸不同,其大小也不同。不论是哪种电池,为了获得更大的面积,都会使用折叠型正负电极片,这也是锂离子电池制作的关键所在。从电极片到电芯的制作工序（即下游工序）,会因电池形状不同而不同。但是,正负极活性物质、导电剂、黏合剂等浆料的调配方法,以及制作电极片的工序（即上游工序）,是相同的。

本文介绍的是叠层型锂离子电池的制作,其结构和工作原理如图1所示。具体的制作流程见表1。

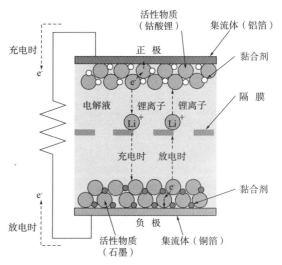

图 1 锂离子电池的内部结构和工作原理

---

① 锂离子电池中的凝胶状高分子聚合物。

表 1　叠层型锂离子电池制作流程及材料

步 骤	材 料
步骤 1	钴酸锂（$LiCoO_2$），1kg
	石墨，1kg
	导电碳（SUP-P），1kg
	黏合剂（PVDF），1kg
	极性液体（NPM），1kg
	矾土球（ϕ 10mm），1kg
	① 高速搅拌器
	② 干燥机
步骤 2	铝箔，1kg
	铜箔，1kg
	③ 涂敷机
	④ 涂敷机计量棒
步骤 3	⑤ 厚度调节辊轮
	⑥ 螺旋测微器（带底座）
步骤 4	隔膜（20m 厚），$1m^2$
	辊切机（ϕ 45mm 或 ϕ 28mm）
步骤 5	带极耳的电极端子（铝质或镍质），2 对
	⑦ 点焊机
步骤 6	⑧ 卷绕夹具（带针）
	电极胶带（束缚带），厚 25 μm × 宽 20mm × 长 20m
步骤 7	叠层铝膜，$1m^2$
	523450 型电池外壳，100mm × 60mm × 5mm
步骤 8	⑨ 塑封机（热压机）
步骤 9	电解液（$LiPF_6$），1kg
	陶瓷镊子
	数字微量移液器
	⑩ 手套箱[①]
	小型塑封机（热压机）
	⑪ 真空泵（隔膜型）
	⑫ 氩气（1.5m^3 钢瓶）
步骤 10	⑬ 充放电测试仪（8 频段）

■ 上游工序

● 步骤 1：调配正负极浆料

电极部分，是由金属箔涂敷导电浆料后形成的。正负极的导电浆料不同：

- 正极材料一般为锂金属氧化物

- 负极材料一般为碳材料

其中，正极浆料由正极活性物质（钴酸锂 $LiCoO_2$）、导电剂、黏合剂调配而成，负极浆料由负极活性物质（石墨）、导电剂、黏合剂调配而成。

---

① 密闭的透明箱子，只能通过两只手套将手放入内部作业。当处理在空气中不稳定的物质时，可以通过填充气体，或使箱内变为真空进行操作。

● 步骤 2：在金属箔片上涂敷浆料

将调配好的正负极浆料均匀地涂敷在金属箔片（集流体）上，形成薄膜（以下称为涂层）。正极集流体使用铝箔，负极则使用铜箔。完成涂敷后，放进真空干燥机中烘烤。

● 步骤 3：电极片的辊压处理

为了保证电极片上的涂层达到一定的厚度，使用专用的涂层厚度调整辊进行辊压处理，这样正负极电极片就制作完成了。另外，可以使用螺旋测微器测量涂层厚度。

■ 下游工序

● 步骤 4：电极片与隔膜的切割

将正负电极片切割成规定的尺寸（所有电极片的宽度应相同）。为了防止正极物质和负极物质直接接触，还要准备隔膜。切割隔膜时，要确保其比正负电极片稍微宽一些。切割时，应使用辊式切割机。

● 步骤 5：在电极片上安装电极端子

通过点焊或超声波焊接，分别在正负电极片上安装电极端子（以下简称电极）。

● 步骤 6：电极片和隔膜的卷绕

将隔膜夹在正负电极片之间，并卷绕成筒状。通常使用专用卷绕夹具，卷绕完成后，使用专用的电极胶带固定电极片。至此，制作成的物体，本文称为电极体。

● 步骤 7：叠层薄膜的加工

使用铝膜，加工成可以收纳电极体的容器。加工过的铝膜叫做软包（Pouch cell）。

● 步骤 8：制作叠层容器

将电极体放入软包，沿长度方向折叠软包口并进行热压。当然，准备注入电解液的端部暂不进行热压处理。

● 步骤 9：注入电解液并封口

在真空手套箱中，使用微量移液器等，从没有进行热压的软包端部注入定量的电解液。之后，在手套箱内对没有进行热压的端部进行热压封口。在手套箱内的作业，需要使用陶瓷镊子。

● 步骤 10：初始充电

从手套箱中取出封口后的电芯，叠层型锂离子电芯就制作完成了。接下来，用充放电测试仪等进行初始充电，使电芯达到充满状态。此时如果有气体产生，就要在手套箱内进行排气处理。

根据电池的类型、形状，下游工序（步骤 4 ~ 步骤 10）不尽相同，有固有的制作方法，但制作流程几乎是一样的。

电极浆料的调配

接下来，从上游工序开始进行详细说明。

这里，我们对上游工序的正负极浆料的制备和正负电极涂层的制作方法进行详细说明。下面，我们先介绍对正负电极金属箔片涂敷浆料的方法，再说明对涂敷了浆料的集流体进行烘烤的一系列流程。

● 正极浆料的调制材料

• 正极活性物质：$LiCoO_2$（钴酸锂）
• 导电剂：SUP–P（乙炔黑）
• 黏合剂：PVDF（聚偏氟乙烯）
• 有机溶剂：NMP（N – 甲基吡咯烷酮）溶液

NMP 溶液是具有高溶解性、高沸点、低凝固点的液体，一般被称为极性溶剂，易于处理。

浆料的调制方法是，在 NMP 溶液中依次加入相应比例的 SUP–P、$LiCoO_2$，用高速搅拌器搅拌。

NMP 溶液中的 PVDF（质量分数为 7%）、SUP–P、$LiCoO_2$ 的混合比例见表 2。接下来介绍 $LiCoO_2$ 分别为 93g 和 31g 时的两个调配实例。

PVDF 质量分数的计算：

$$PVDF/NMP\ 溶液 = \frac{3}{39.86 + 3} \times 100\%$$
$$= \frac{0.75}{9.96 + 0.75} \times 100\%$$
$$= 7\%$$

● 正极浆料的调制方法

实际进行正极浆料调制时，要使用精密电子秤准确称量，具体示例如下。

在行星式高速搅拌器的搅拌容器中，按规定质量比放入浆料组成材料。同时，放入 3 个矾土球，以进一步提高搅拌效率。盖上盖子后进行搅拌（图 2 ~ 图 5 ）。试制实验中，搅拌器（3400r/min，60Hz，1 ~ 16s）持续搅拌 16s × 20 次 = 320s（约 5min）。在这个过程中，可以时不时打开搅拌机盖子，观察浆料的调制状态。

表 2　NMP 溶液中 PVDF、SUP-P、LiCoO₂ 的混合比例

材　料	质量 /g	
LiCoO₂	93	31
SUP-P	3	1
PVDF	3	0.75
NMP 溶液	39.86	9.96

图 2　向搅拌容器内加入 NMP 溶液

具体来说就是，根据以下两点来判断浆料调制是否达到要求。

① 容器倾斜时，容器内的浆料不会流出来；

② 轻拍容器，可以看到浆料呈标准的流动状态。

如果轻轻拍打搅拌机，浆料不流动，则每次追加 0.5g 的 NMP 溶液，在搅拌器中继续搅拌，直至达到上述状态。在实际试验中，NMP 溶液追加 2 次左右后，浆料就可以达到良好的状态（图 5、图 6 ）。

● 负极浆料的调制材料

- 负极活性物质：石墨
- 导电剂：SUP-P（乙炔黑）
- 黏合剂：PVDF（聚偏氟乙烯）
- 有机溶剂：NMP（N – 甲基吡咯烷酮）

除了正极活性物质变为负极活性物质，其他配料与正极浆料相同。

与正极浆料的调制方法一样。在 NMP 溶液中，依次加入规定质量比的 PVDF、SUP-P、石墨等，使用高速搅拌器搅拌。

NMP 溶液中加入的 PVDF、SUP-P 混合比例详见表 3。表中显示的是石墨质量分别为 90g 和 22.5g 时的

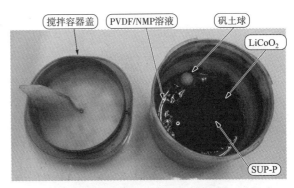

图 3　按规定质量比依次混入 PVDF、SUP-P、LiCoO₂

图 4　将搅拌容器安装在搅拌器上

图 5　调制好的正极浆料

图 6　轻轻拍打搅拌容器，浆料流动

两个调配实例。假设黏合剂（PVDF）在 NMP 溶液中的质量分数为 8%。

PVDF 的混合比例按下式计算如

$$PVDF/NMP \text{ 溶液} = \frac{8}{92.08 + 8} \times 100\%$$
$$= \frac{2}{23.0 + 2} \times 100\%$$
$$= 8\%$$

● 负极浆料的调制方法

与正极浆料一样，采用精密电子秤进行负极浆料称量。

将上述材料按规定质量比例装入搅拌容器（图 7），放入 3 个矾土球，盖好容器盖，设置好混合器。搅拌时间和正极浆料一样，也是 320s（约 5min）。在搅拌的过程中，时不时打开搅拌器的盖子，观察浆料的状态。

进行负极浆料调制时，轻轻拍打搅拌容器，浆料缓慢流动，就说明达到了良好的状态。因此，这次就不需要追加 NMP 溶液继续搅拌。

表 3　NMP 溶液中的 PVDF、SUP-P、石墨的混合比例

材　料	质量 /g	
石　墨	90	22.5
SUP-P	2	0.5
PVDF	8	2
NMP 溶液	92.0	23.0

图 7　向搅拌容器内放入构成负极浆料的材料

正负电极片的制作

在铝箔、铜箔（集流体）的两面，涂敷调制好的正负极浆料，制作正负电极片。首先，单面涂敷完成后，进行烘烤[①]处理，便形成了涂层。然后，另一面也按照同样的方法处理。集流体的涂敷，应使用专用涂敷机和涂敷计量棒。

● 正极电极片的制作

在这道工序中，将浆料涂敷在金属箔片上，形成涂层。因为要进行微米级的精确涂敷，所以要使用专用涂敷机。这里，我们使用自制的研究用涂敷机。

（1）用于形成薄涂层的涂敷计量棒

如图 8 所示，涂敷机的移动部位上安装有涂敷计量棒，集流体铝箔（厚 16 μm）平铺在玻璃底板上。涂层厚度可以通过改变计量棒类型和移动速度进行调整。

涂敷计量棒的结构与涂敷效果如图 9 所示。涂敷计量棒的类型根据线圈尺寸（直径）可分为几十种。实际使用的涂敷计量棒，得到的涂层厚度有 15 μm 和

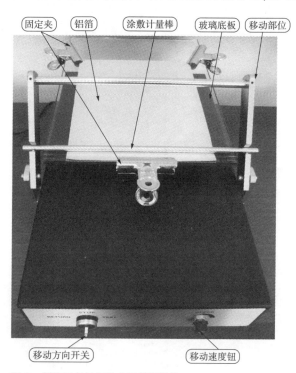

图 8　制作正负极极片专用的涂敷机

---

① 烘烤处理：一般而言是指电镀之后进行的热处理。为了防止腐蚀，除去吸氢物，为了提高金属表面硬度（淬火），形成氧化膜。

120μm 两种（图10）。涂层厚度称为膜厚。

（2）涂敷正极浆料

将铝箔铺在涂敷机的玻璃底板上，涂敷计量棒下面。将正极浆料均匀地涂抹在靠近涂敷计量棒的位置，如图11（a）所示。调节移动速度钮至合适的位置，将切换移动开关置于"Test"侧时，涂敷计量棒跟随移动部分移动，开始进行涂敷，如图11（b）所示。实际进

行涂敷时，为了得到规定厚度的涂层厚度，可以改变涂敷计量棒的类型，或通过反复改变移动速度来调整。

（3）烘　烤

完成一个面的浆料涂敷后，放入干燥机进行烘烤处理。实验室的烘烤条件为100℃、4h（图12）。

按照同样的方法完成另一面的涂敷。最后，使用旋转刀具将其切分成规定的尺寸，正极电极片就制作完成了（图13）。

● 负极电极片的制作

负极电极片的制作方法与正极电极片相同。负极电极片的集流体使用的是铜箔（厚9μm）。使用涂敷机进行负极浆料的涂敷制作，如图14（a）所示。完成涂敷并经过烘烤后的负极电极片，如图14（b）所示。

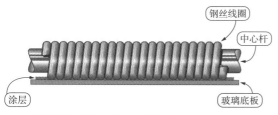

图9　涂敷计量棒的结构与涂敷效果

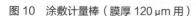

图10　涂敷计量棒（膜厚120μm用）

（a）放入适量的正极浆料

（b）开始正极浆料的涂敷

图11　在铝箔上涂敷正极浆料

图12　在高温干燥机烘烤

图13　完成后两面涂敷后的正极电极片

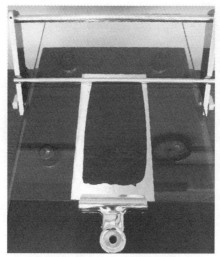

（a）涂敷装置在铜箔上进行涂敷处理

（b）涂敷后的负极极片

图14　使用涂敷机进行负极极片的制作

● 确保涂层厚度的辊压处理

为了使制作好的正负极电极片的涂层厚度均匀，提高电极密度，应使用专用手动辊压工具（辊轮直径为96mm，间隙调整范围为0～2mm，硬度为HRC62）进行辊压处理，如图15所示。电极片通过上下辊轮之间辊压，辊轮之间的间隙可根据千分表显示的读数，旋转左右两侧旋钮来调整。

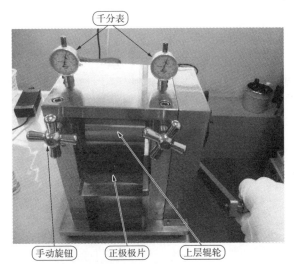

图15　通过手动辊压机进行辊压处理

图16　用螺旋测微器测量电极片涂层厚度（单面涂层完成后立即进行厚度测量）

使用涂敷厚度25μm用的涂敷计量棒时，经辊压处理后的正负极电极片厚度见表4。电极片的厚度可通过螺旋测微器测量，如图16所示。

经过辊压处理后的正负电极片，一个面的活性层厚度为55～65μm。

电芯的制作

使用专用的导引器将卷绕制作好的电极片和铝制叠层型电芯收纳盒制作电芯。

● 点焊电极耳

极耳是由耐热性和绝缘性良好的聚丙烯等树脂片状材料与极耳基材的金属一体成型的，如图17所示。极耳的一部分插入铝制软包，使树脂部分正好处于热压封口处，保持电极与作为电池外壳的铝制软包之间的绝缘。

点焊（图18）完成后，使用电极保护胶带固定极耳的焊接部位。

这样，完成后的正负电极片如图19所示。

● 通过卷绕方式制作电极体

接下来，使用专用的卷绕工具进行电芯制作。卷绕方式是指，在卷绕夹具的导引下，将完成两面涂层、夹入隔膜的电极片卷绕成三明治状态。这样，相

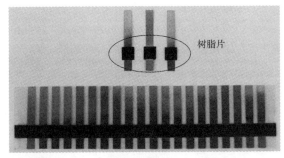

图17　极　耳

表4　正负电极片的厚度

电极片	总厚度/μm			平均厚度/μm	集流体厚度/μm	双面活性层厚度/μm	单面活性层厚度/μm
正　极	192	205	205	145.75	16	129.8	64.9
负　极	149	172	172	118.25	9	109.3	54.6

注：总厚度在电极片两侧和中央三处测量。

较于单面涂层电极片，其电极面积可以达到 2 倍（图 20 ~ 图 22）。

在进行切割时，对应电极片宽 5.5cm、长 30cm，隔膜被切割成宽 6cm、长 70cm。

也就是说，为了保证正负电极片不发生接触短路，隔膜要比电极片稍宽一些。因为要像三明治一样包裹电极片，所以隔膜长度为电极片的 2 倍以上。

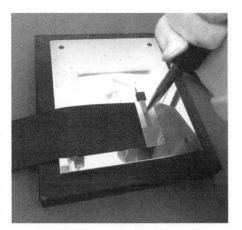

图 18　焊接极耳的正极电极片

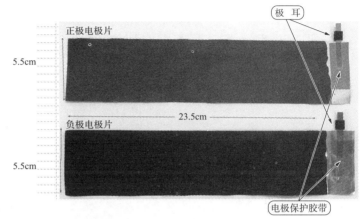

图 19　焊接了极耳的电极片

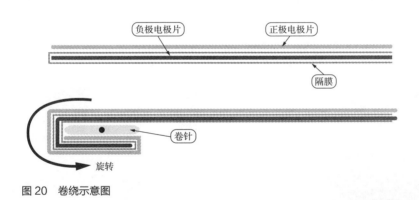

图 20　卷绕示意图

（a）卷　针

（b）将卷针安装在卷绕夹具上

图 21　卷针与卷绕夹具

图 22　用卷绕法制作电芯

完成电芯制作

制作完成的电极体如图 23（a）所示。将其放入铝制软包电池盒，如图 23（b）所示。预留电解液注入口，对软包进行封口，如图 23（c）所示。

锂离子电池的电解液，使用的是高介电常数的碳酸乙烯酯、低黏度的碳酸二芳基酯混合溶剂和溶解性高的 $LiPF_6$ 盐形成的有机溶剂，如图 24 所示。

与此相对，锂聚合物电池使用的是将有机溶剂浸透到阻燃高分子聚合物中的黏稠状物质，使用方法与锂离子电池的电解液是不同的。

电解液易燃，正是锂离子电池起火、引发火灾的重要原因。

最后，在这种状态下，将电极体放入手套箱中，注入电解液后进行完全封口，就完成了电芯制作，如图 25、图 26 所示。

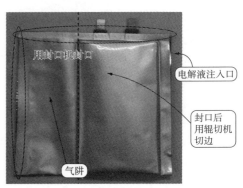

（a）制作好的电极体　（b）将电极体放入电池盒（经封口机封口后，用辊切机切边）　（c）对软包电芯进行封口

图 23　将电极体放入电池盒，注入电解液后，完成电芯制作

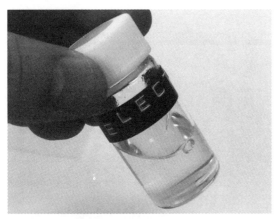

图 24　有机电解液

图 25　手套箱中的作业

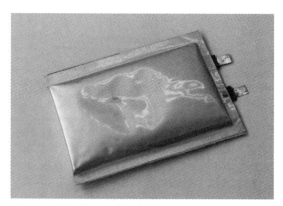

图 26　去除气阱，完成电芯制作

笔者介绍　　　　　　　　　臼田昭司（工学博士）

大阪电气通信大学　客座教授兼客座研究员

1975 年 3 月北海道大学研究生院工学研究系博士课程毕业，就职于东京芝浦电气株式会社（现东芝）。后任大阪府立工业高等专门学校（现大阪府立大学工业高等学校）教授，2013 年起任现职。

2008 年起任华东理工大学（中国）客座教授，2013 年起任胡志明工业大学（越南）客座教授。2014 年，凭借《锂离子电池的教育与研究》获得第 61 届电气科学技术奖。2014 年，在英国电池技术杂志 *Batteries International*（Issue 92）上发表了双电芯锂电池技术的文章。

著作：《锂离子电池电路设计入门》，日刊工业新闻社。

2012 年起，在研究室进行锂离子电池的制作和应用研究等，相关实例可以访问 http://usuda-lab.info/。

锂离子电池针刺测试

〔日〕臼田昭司 执笔 | 罗力铭 译

锂离子电池，如果使用不当，就会导致冒烟、起火、破裂等。因此，有必要对锂离子电池进行安全性评价——针刺测试。在此，本文围绕设计、制作的电池是否可以安全使用，设计特定环境下可以安全使用的电池，说明进行针刺测试的必要性及优点。

（编者按）

针刺测试法的模型

● 针刺测试的意义

针刺测试（Nail Penetration Test），是一种内部短路测试法，是测试锂离子电池内部短路承受能力的安全性测试。具有代表性的安全性测试见表1。

针刺测试，是用钢钉贯穿电池，模拟内部短路，确认电池是否出现冒烟、起火、破裂的测试。另外，针刺测试不仅仅是确认电池安全性的测试，也是了解电池基本性质的测试。

● 针刺测试概要

针刺测试示意图如图1所示。正常状态下，锂离子电池的正负电极片之间由有机电解液中的高分子绝缘膜——隔膜进行绝缘。在这种状态下，将钢钉插入锂离子电池内部，是让正负电极片之间产生短路，强制进行内部短路的测试。

该测试方法的特点是，可以调整插入电池内部的钢钉的直径、材质、插入深度、插入位置和插入速度等测试条件。

● 针刺的危险性

锂离子电池需要进行针刺测试意味着，锂离子电池内部极易发生短路，如果发生短路，将处于非常危险的状态。锂离子电池具有能量密度高、内阻小、允许通过电流大的特性，具有非常大危险性。

电池使用过程中发生内部短路，通常是因为制造

过程中混入了导电性异物，或受到了外部冲击力或应力。而现实中，一旦产品被制造出来，包括电池充放电电路在内的控制系统内部短路是很难采取措施的。

发生内部短路时，电池内部通过巨大的短路电流，随之产生焦耳热，进而这种热量，引起可燃性有机电解液发生反应，产生高温气体，结果导致热失控的可能性增加，发生热失控时，出现冒烟、起火，严重时发生破裂，危及使用者的人身安全。

站在使用者的角度，确保电池的安全性，对于锂离子电池的应用是非常重要的。

表1 安全性测试及其目的

测试名称	目 的
针 刺	内部短路承受能力
挤 压	内部短路承受能力
加 热	热稳定性
过充电	热稳定性、过充电承受能力（材料的电化学稳定性）
外部短路	外部短路承受能力

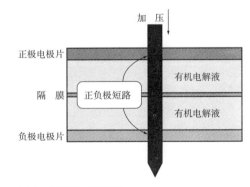

图1 针刺测试示意图

强制内部短路测试

● 针刺测试之外的短路测试

强制内部短路测试是另一种内部短路测试方法。

针刺测试使用钢钉插入电池内部，可以比较简单地制造出正负极之间的内部短路。然而，当钉子插入电池形成电池表面穿孔，这个孔会释放出高温气体，导致电池内部的散热状态发生变化，与实际内部短路的情形可能存在差异。

● 不形成穿孔，没有气体喷出的短路测试

强制内部短路测试使用的是顶部为球形的钉，是一种不在电池表面造成穿孔就能制造内部短路（微小短路）的测试方法（图2），被称为钝钉测试（Blunt Nail Test）。

这种方法通过钉子的压力，使电池的电极材料（正负电极片）之间产生短路，测试后的电池只有一点点变形。

与通常的针刺测试相比，这种方法可以制造出更接近实际内部短路的状态。

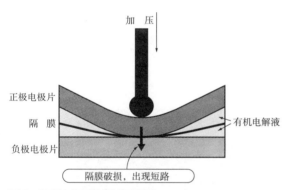

图2　强制内部短路测试示意图

针刺测试机的制作

● 实验装置的准备

进行这项测试，手动将钉子钉入锂离子电池是肯定不行的，不要轻易尝试——钉子可能会飞出，导致手和身体受伤。

因此，我们有必要制作一台针刺测试机。这里使用市售的台式手压机（液压泵需另配，最大压力为4000kg，行程为120mm，行程延长杆长250mm），制作了可以安装3种直径钢钉（ϕ3mm、ϕ5mm、ϕ8mm，长100mm）的针刺测试机，如图3所示。

● 安全对策

考虑到安全性，应确保测试机可在一定距离外操纵，将液压泵安装在别处，在行程延长杆头部加装插钉夹具，固定不同尺寸铁钉。

将钉插入夹具，调整好位置之后使用螺栓进行固定。钉的插入速度，经过多次手动液压试验之后，我们通过测量行程和移动时间得到的结果约为0.7mm/s。

● 测试概要

将待测电池摆放在压板上，使用胶带等固定后，再使用G字夹对4个角进行固定（图4）。电池正负极端子通过观测探头与示波器连接，以观测电压波形。

波形观测使用的是通用型存储记录仪（日置电机8855型），并将观测探头连接到储存记录仪中安装的电压电流单元（8951）。

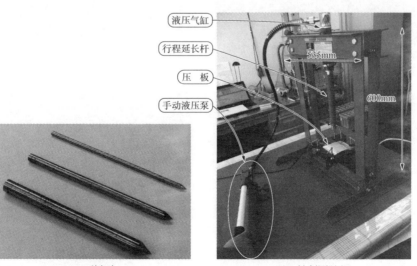

（a）3种钢钉　　　　　　（b）针刺测试机

图3　3种钢钉与针刺测试机

图4 针刺测试机的电池固定部位

示波器探头　电池端子夹　固定螺栓

插钉夹具

钢钉

压板　锂离子电池

针刺测试实例

● 相关注意事项

这里，我们对3种不同类型的叠层电池（300mA·h、

1000mA·h、2000mA·h）进行测试。需要测量的数据如下：

- 电池端子电压随时间的变化
- 热成像呈现的电池表面温度
- 针刺后电池外观与形状的变化（肉眼确认）

进行实验前，要仔细准备防火措施和安全对策：防止飞溅，对测试机周围进行遮蔽，在附近放置灭火器等。

● 电压波形的测量

对于容量不同的电池，要使用不同直径的钢钉进行针刺测试。使用 ϕ5mm 的钢钉对 2000mA·h 叠层电池进行针刺测试后，测量到的端子电压随时间的变化如图5所示。另外，分别使用 ϕ5mm 和 ϕ3mm 的钢钉对 1000mA·h 叠层电池进行针刺测试，如图6和图7所示。

● 针刺条件引起的差异

包括上述测试结果在内，根据数次实验结果可知以下事实。

（1）在针刺点，端子电压大幅下降，逐渐下降到0V 的过程中，电压下降到一定程度，电压曲线会出现大幅波动。

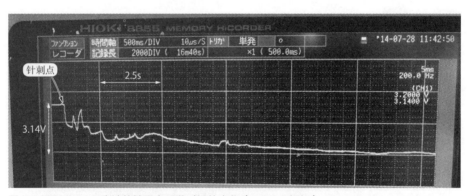

图5 2000mA·h 电池的端子电压随时间的变化（ϕ5mm 钢钉）

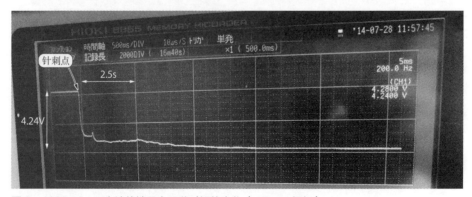

图6 1000mA·h 电池的端子电压随时间的变化（ϕ3mm 钢钉）

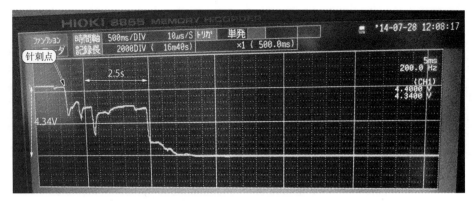

图 7　1000mA·h 电池的端子电压随时间的变化（φ5mm 钢钉）

（2）针刺点到端子电压大幅变化的阶段，不同电池种类和针刺条件的测试结果也有差别，但 10～20s 后端子电压就会下降到 0V。

（3）相同容量的电池，在进行测试时，钉子越粗，端子电压的变化越大。

● 电池表面温度测量

针刺后，叠层电池的表面温度随时间的变化可以通过红外线热像仪测量。使用 φ5mm 的钢钉对 2000mA·h 叠层电池进行针刺测试时，测得的表面温度变化如图 8 所示。热成像随时间的变化如图 9 所示。使用热像仪进行测量的情形如图 10 所示。进行针刺测试后，各个电池的外观如图 11 所示。

● 针刺后的温升

使用 φ5mm 的钢钉对 2000mA·h 叠层电池进行的针刺测试中，出现了伴随起火、温度超过 200℃ 的情况。另外，在对 1000mA·h 电池样品进行的测试中，使用 φ3mm 钢钉进行针刺时就出现了起火。使用 φ5mm 钢钉进行的针刺测试中，不但出现了起火，电池温度也大幅上升。

此外，我们使用不同直径的钢钉对多个电池样品进行了测试，温度上升随时间的变化趋势与图 8 类似。而且，不同的电芯，测得的最高温度也有低于 100℃ 的情况。

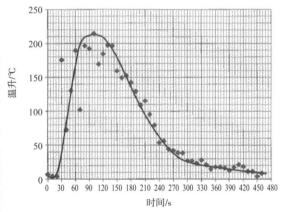

图 8　针刺测试的电池表面温度变化

（a）开始前

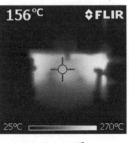
（b）50s后

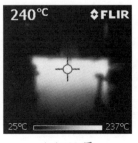
（c）100s后

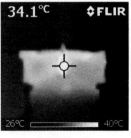
（d）460s后

图 9　电池表面热成像的变化

（a）开始前

（b）针刺后

图 10　使用红外线热像仪测量电池表面温度

（a）钢钉（ϕ5mm）插入时

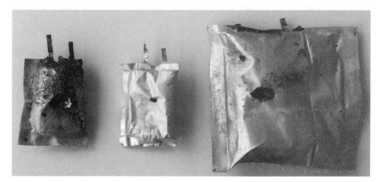

（b）1000mA·h，ϕ5mm　　　（c）1000mA·h，ϕ3mm　　　（d）2000mA·h，ϕ5mm

图 11　针刺测试时和针刺测试后的电池样本

结束语

　　测试机虽然没有达到商用水平，仅仅能作实验用，但使用这个测试机也可以完成电池的针刺测试。并且，还可以使用通用型存储记录仪、数字示波器、红外线热像仪，对针刺后的电池端子电压和温度进行测量。这一测试，通过让正负极短路，使电池内部储存的电能瞬间转化为热能，产生的热量足以使电解液燃烧、爆炸。从能量的角度来看，与点燃汽油产生的热量几乎相同。这是多么危险的测试！相信你已经有所了解，千万不要轻易地实施这一测试。

　　尽管如此，作为设计、制作电池的安全评估，可以在不依赖大量资金情况下实施的针刺测试，能够把测量结果反映在制作上。

　　最后，在厂商规定的额定范围内使用，锂离子电池是安全的。超过额定范围的情况，如反复过充电或过放电，会导致电池起火或电池受损。

锂离子电池的保护功能

〔日〕白田昭司　执笔│罗力铭　译

锂离子电池既可以作为单个电芯使用，也可以多个串联、并联后，以电池组的形式提供更高的电压和更大的电池容量。出于使用安全的考虑，市面上的电池、电池组无一例外地采取了防止过充电、过放电的措施——安装了印制板型保护器（保护电路）。本文将介绍如何为自制锂离子电池增加保护功能。

（编者按）

● 保护功能的实现

实际上，锂离子电池单个电芯的电压在 4V 左右，最大电流为几安培（与电极材料有关）。想要获得更高电压、更大电流时，可以将多个电芯串联或并联后使用。这时，保护功能的实现是非常复杂的。因此，在很多情况下，锂离子电池厂商会为电池配好保护器（BMS：Battery Management System），并随电池一起交付。

这里以笔者自制的锂离子电池为例，准备适用的保护器。根据所用的电极材料，对实际的电池特性的判断，笔者找到了与自制电池规格几乎相同的其他电池的保护器。因此，就直接拿来用了（原本这种做法是不推荐的）。而且，电池厂商也没有公开保护器的电路图等信息。

笔者准备了两个保护器，一个是 1000mA·h 电芯用的保护器（保护器 A）；一个是几千毫安时的多电芯串联电池组专用的保护器，额定电流可达 10A（保护器 B）。

单个电芯保护器

● 保护器的基本规格

先来看看单个电芯保护器（保护器 A）。保护器 A 的规格见表1。该保护器直接与电芯端子相连（图1），电路接线如图2所示。

表 1　保护器 A 的规格

测试项目	条　件
过充电检测电压	4.3 ± 0.05V
过放电检测电压	2.4 ± 0.10V
过电流检测	2.2 ~ 3.4A
最大持续放电电流	2A
最大消耗电流	10 μA
短路保护	自动复位
保护电路电阻	≤ 65mΩ

图 1　保护器 A 的两面

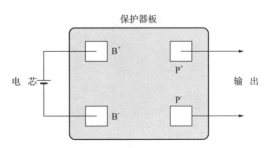

图 2　保护器 A 的电路接线

● 利用电子负载测试充放电特性

使用直流电源和电子负载，模拟充放电，测试保护器的输入 / 输出特性（图3）。

测试结果如图4所示。根据测得的输入 / 输出特性可知，当输入电压（充电电压）超过4V时，输出电压（电芯端子电压）达到饱和，说明防止过充电的功能发挥了作用。此外，当输出电流（相当于放电电流）超过2A时，电流被切断，说明防止过放电的功能也发挥了作用。

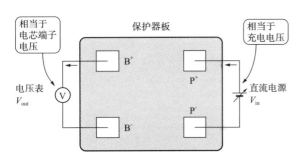

（a）保护器A的输入特性测试电路

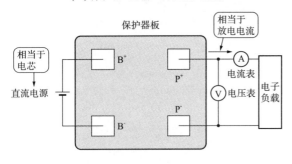

（b）保护器A的输出特性测试电路

图3 保护器A的输入 / 输出特性测试电路

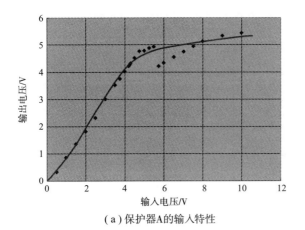

（a）保护器A的输入特性

图4 保护器A的输入 / 输出特性

电池组保护器

● 4串电芯保护器的基本规格

用于多电芯的保护器规格因串并联数而异，本次制作的保护器B的规格见表2。该保护器适用于4个电芯串联而成的电池组。电路接线如图5所示。

表2 保护器B的规格

测试项目		条 件
电 压	充电电压	DC 16.8V CC-CV
	电芯均衡电压	4.2 ± 0.025V
电 流	电芯均衡电流	42 ± 5mA
	电芯的消耗电流	≤ 20μA
	最大连续充电电流	10A
	最大连续放电电流	10A
过充电保护	过充电检测电压	4.25 ± 0.025V
	过充电检测延迟时间	0.7 ~ 1.3s
	过充电复位电压	4.06 ± 0.05V
过放电保护	过放电检测电压	2.5 ± 0.062V
	过放电检测延迟时间	14 ~ 26ms
	过放电复位电压	3.0 ± 0.1V
过电流保护	过电流检测电压	0.62V
	过电流检测电流	50 ± 10A
	过电流检测延迟时间	7.2 ~ 11ms
	复位条件	外部短路电路
短路保护	检测条件	负载关断
	检测延迟时间	200 ~ 500μs
	复位条件	外部短路电路
电 阻	保护电阻	≤ 30mΩ
温 度	工作温度范围	− 40 ~ + 85℃
	存放温度范围	− 40 ~ + 125℃

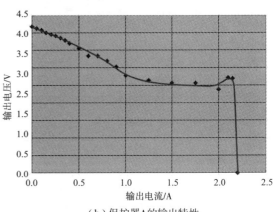

（b）保护器A的输出特性

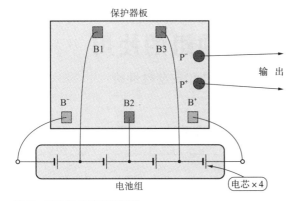

图5 保护器 B 的电路接线

● 特性测试

将 4 个容量为 1000mA·h 的电芯,通过串联构成基板型电池堆栈,并按照图 5 所示的电路进行接线(图6)。在这样的状态下,将其连接到充放电系统,进行过充电保护特性和过放电保护特性的测试。

测试结果分别如图 7 和图 8 所示。过充电检测电压的实验值为 16.97V,与表 2 中的过充电检测电压 4.25×4 = 17V 几乎相等。

过放电检测电压的实验值为 12.33V,虽然与表 2 中的过放电检测电压 2.5×4 = 10V 存在差异,但可以认为是检测延迟时间产生的差异。

结束语

在日常使用的移动电话、智能手机等家电产品中,锂离子电池是以单个电芯或电池组的形式存在的,专用保护装置是集成在电池中的。没有保护器的电池是不能使用的。

电芯越多,保护器越复杂。当某一个电芯出现故障而无法充分充电(电芯端子电压偏低)时,电流就会持续流入该电芯。这就意味着,该电芯内会持续积蓄热量,严重时会导致起火或爆炸。

在大型超市和家居市场是买不到锂离子电池单个电芯的,因为锂离子电池不能像干电池那样使用。没有安装专用保护器的锂离子电池十分危险,不可以单独使用。生产锂离子电池的厂商,由于无法掌握销售后的使用情况,也就不支持锂离子电池单个电芯的销售。

(a)保护器B放大图

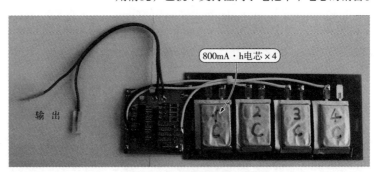

(b)电池组基板

图6 基板型电池堆栈与保护器 B 的接线

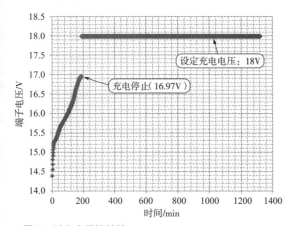

图7 过充电保护特性

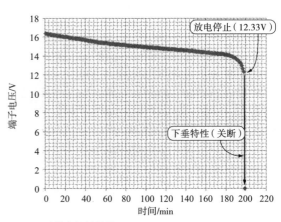

图8 过放电保护特性

锂离子电池组的使用
—— 充放电性能和安全性评价

〔日〕鹤冈正美 执笔｜林 磊 译

实际上，从电芯开始制作锂离子电池组并不是一件容易的事。在工作过程中，锂离子电池各电芯的均衡和保护电路不可或缺。如果不知道电芯的详细性能参数，制作锂离子电池组非常困难。本文以日本厂商生产的由多个电芯组成的自带保护电路的电池组为例，对其性能和安全性进行分析和评估。

（编者按）

引 言

EV 中最重要的技术，在于为整车提供动力的电机，而为电机提供能源的电池尤为关键。在市售 EV 中，电池所占据的成本可以说是压倒性的。另外，EV 的最大短板是续航里程不足，这就需要能量密度大、能输出较大电流且价格低廉的电池。最符合这些条件的，只有锂离子电池。

锂离子电池使用不当有起火、爆炸的危险，工程师一般不会轻易涉足。但是，大多数工程师只对锂离子电池的危险性有所认知，也是时候学习锂离子电池组的使用了。

本文以日本生产的锂离子电池组（日立麦克塞尔）

为例进行试用，并和铅酸蓄电池进行性能比较。试用锂离子电池组内部有保护电路和均衡电路，还配有专用充电器，是一个充分考虑安全性的锂离子电池系统。

锂离子电池组的规格

● **额定电压 25.2V/ 额定容量 5.3A·h**

本文介绍的日立麦克塞尔锂离子电池组如图 1 和图 2 所示，额定电压为 25.2V，额定容量为 5.3A·h，主要性能参数见表 1。

考虑到 2 个铅酸蓄电池的串联电压为 24V，笔者选用输出电压为 24V 左右的上述电池组，以比较锂离子电池组和铅酸蓄电池。

从外观上看，这是一个优质的锂离子电池组，是充分考虑了安全性的设计。其质量只有 1.7kg，仅为同等容量的铅酸蓄电池的 1/3。

但是，该电池组是 "B to B"[1]商品（销售对象为企业），一般个人很难向厂商直接购买。

图 1 试用日立麦克塞尔锂离子电池组的外观

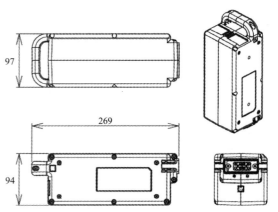

图 2 锂离子电池组的外形尺寸

---

① Business to Business，从企业到企业的商务模式，买卖双方均为企业。

● 133W 的输出功率不小吗？

如表 1 所示，由 7 个电芯（3.6V）串联组成的锂离子电池组的额定电压为 25.2V，容量为 5.3A·h，输出功率为 133.56W。

锂离子电池组的输出功率有点小——大家可能会这样认为。就锂离子电池的能力而言，应该可以提供更大的输出电流。可是，由于保护电路的限制*，该电池组只能提供这样的输出功率。

● 保护电路是必不可少的

锂离子电池组内部的保护电路，具有充放电时的电芯电压监视，以及在电压异常和温度异常时自动切断输出的功能。

必须注意的是，保护电路是应对极端情况的最后手段，因此，电池的使用必须进行过载安全性设计，确保异常情况下，在保护电路动作之前切断负载和电池的连接。

● 充放电规格

锂离子电池组的数据手册中记载了充放电规格。最大充电电压（29.35V）是电池充电时可承受的最大电压。也就是说，充电电压会高于额定电压（25.2V）。

当放电电压低于放电终止电压（21.0V）时，就不可以再放电了。在这个电压下使用电池组，会使电池的寿命急剧减少。

表 1 本文试用锂离子电池组的主要性能参数

型号、结构	型　号	7LPL0678G8C1-1P01
	电芯 / 结构	L0678G8C1/7 串 1 并（7S1P）
尺寸、质量	外形尺寸 / 质量	约 269mm×97mm×94mm/ 约 1.7kg
充电规格	最大充电电压	29.35V
	最大充电电流	2.0A
	充电模式	CC－CV（恒定电流恒定电压充电）
放电规格	放电终止电压	21.0V（3.0V/ 电芯）
	最大放电电流	12A
额　定	额定电压	25.2V（3.6V/ 电芯）
	额定容量	5.3A·h（充电时间：约 3.5h）
通信要求	通信形式	SMBus
	通信内容	电池状态（电压、剩余电量）
工作环境	充电温度范围	5～45℃
	放电温度范围	−10～50℃

---

* 内部保护电路的半导体开关，会因输出电流过大而发热。——译者

● 瞬时 300W 没问题

对于瞬间负载电流，主要性能参数表中并没有详细记载，需要询问厂商。根据表 1，该电池组的最大输出功率为 25.2V×12A=302W，是可以驱动 EV 卡丁车这样的负载的。

充电性能测试

● 充电测试前应放电至放电终止电压

由于不知道出厂时的剩余容量，所以要对电池进行完全放电处理。如果将电池电量完全放空，则会导致蓄电池性能急剧下降，甚至无法再充电。因此，要确定一个放电终止电压，见表 1。在这里，放电终止电压是 21V。对于普通的锂离子电池组，一旦低至放电终止电压，系统就会切断输出（但对自放电不起作用）。

放电时，要给电池接上一个负载，如电机、电阻等。这里使用电子负载，对电池进行 2A 的恒流放电。

经过约 48min 的放电，电池电压达到 21V。电池组释放的电量为 48/60min×2A=1.6A·h（1600mA·h）。

● 使用专用充电器充电

到达放电终止电压后，就可以对电池组进行充电了。充电特性曲线如图 3 所示。

充电开始 158min 后，充电完成指示灯进入常亮状态。实际监视发现，之后的 60min 还存在充电电流，说明充电还在继续进行。这是补充电状态，即便只有少量的电流，但还是在对电池继续充电。

发现充电完成指示灯亮后，将电池和充电器断开，就可以正常使用电池了。

● 充电器的规格

专用充电器的规格见表 2。如图 4 所示，其形状如同笔记本电脑的电源适配器。锂离子电池组充电器内置有充电控制电路，输出功率比普通的 AC 电源适配器大一些。

锂离子电池组采用 CC-CV 充电模式。

充电时，充电器先是工作在恒流模式，待电池端子电压达到指定电压后，即转入恒压模式（充电电流逐步减小）。

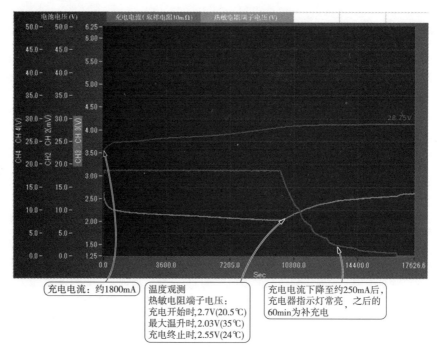

充电电流：约1800mA

温度观测
热敏电阻端子电压：
充电开始时,2.7V(20.5℃)
最大温升时,2.03V(35℃)
充电终止时,2.55V(24℃)

充电电流下降至约250mA后,
充电器指示灯常亮 ，之后的
60min为补充电

图3　充电特性曲线

表2　本文试用的专用充电器的规格

型　号		LCG7-M001J
尺　寸	本体外形尺寸	175mm × 63mm × 30.5mm（不含充电线）
	本体质量	约350g
	AC 电源线质量	约80g/2m
输　入	额定电压	AC 100 ~ 240V
	频　率	50/60Hz
输　出	额定负载电流	1.75A
	输出电压	29.0V
其　他	充电模式	CC-CV（恒流恒压充电）
	充电时间	约3.5h
	指示灯	LED 充电状态指示
	适用标准	PSE（日本），IEC/EN（欧洲）
环境要求	使用温度范围	0 ~ 45℃

另外，充电器和电池之间不只有电源连接线，还有另外2根信号线——可能是测量电池内部温度的热敏电阻的信号线。

● 充电时的电压和电流

锂离子电池的电芯最大充电电压通常为4.2V。这样说来，电池组的最大充电电压为 $4.2V × 7=29.4V$。数据手册显示为29.35V（4.19V/电芯）。

另外，规格表还要求充电电流控制在2.0A以下。

图4　本文试用的专用充电器的外观

● 充电特性曲线所包含的信息

由图3可知，初始充电电流为1800mA。电池从23V左右开始充电，随着电量的增加，电压也随之上升。1800mA 为恒流控制的结果。

热敏电阻突然增大（温度升高）时，充电电流急剧下降，进入28.75V 恒压充电模式（电流逐步减小）。这时充电电压不再变化。

电流下降至一定值（电压到达上限）后，系统自动判断充电完成。笔者观测到，充电电流在250mA时，充电终止指示灯进入常亮状态。

作为保护功能，电池组内置热敏电阻时刻监视着电池的内部温度，过低或过高都会停止充电，以避免事故的发生。

放电性能测试

● 使用方式不同，放电容量也会有差异

对电池放电，并测试其容量。使用方式不同，电池实际放电容量也会有所差异。做这样的实验，电子负载是必不可少的（详见《电动汽车 第 2 辑》）。

这里，笔者采用电子负载对电池进行放电试验。

为了避免过放电，笔者将电子负载的放电终止电压设置在 21V。为了测试电池的容量变化，设置 2 种

放电电流，分别为 2A 和 7.2A。

● 2A 放电和 7.2A 放电的容量比较

2A 恒流放电时的电池电压 – 电流特性如图 5 所示。在 2A 放电的情况下，经过 175 分 56 秒后，放电结束。也就是说，总放电时间为 10556s = 2.932h，放电容量为 2A × 2.932h = 5.86A·h，比额定容量要大一些。

7.2A 放电会如何？如图 6 所示，总放电时间为 47min（2820s），也就是 0.783h。放电容量为 7.2A × 0.783h = 5.63A·h，比 2A 放电时小 4%。

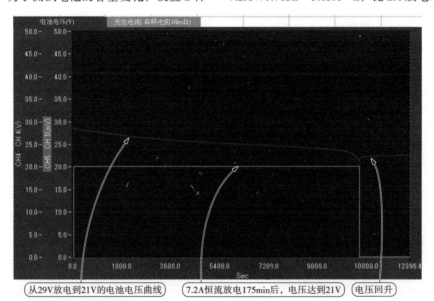

（从29V放电到21V的电池电压曲线）（7.2A恒流放电175min后，电压达到21V）（电压回升）

图 5　2A 的放电特性曲线

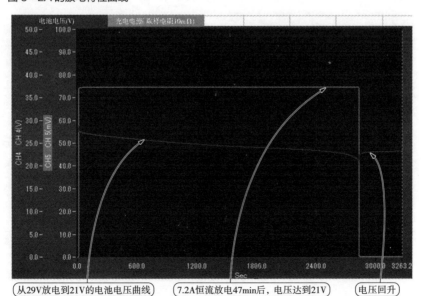

（从29V放电到21V的电池电压曲线）（7.2A恒流放电47min后，电压达到21V）（电压回升）

图 6　7.2A 的放电特性曲线

● 电池放电后，放置一会儿电压就会回升

锂离子电池是化学电池，化学反应相对迟缓，在电压达到上下限时，就不得不停止充放电。停止使用后放置一段时间，由于化学反应，电压会有所回升。

老式手机在电量耗尽后放置一段时间，还可以再启动，就是这个原因。这种现象在图5和图6中有所体现，放电后电压真的有所回升。

与铅酸蓄电池的性能比较

● 以12V/7.2A·h（×2）铅酸蓄电池为比较对象

选用两个广隆光电12V/7.2A·h电池（图7、表3），串联成24V电池组。

一个铅酸蓄电池就有2.4kg。虽然锂离子电池组也不轻，但是没有铅酸蓄电池那么重。

图7　广隆光电（LONG）铅酸蓄电池

● 铅酸蓄电池的充电实验

铅酸蓄电池的性能参数与锂离子电池大体相近。充电使用直流电源供电，1.8A恒流、29.6V恒压。

充电时间为364min，比锂离子电池长一些（图8）。

● 铅酸蓄电池的放电实验

之后，在与锂离子电池模块同等放电条件下对铅酸蓄电池进行放电测试（图9和图10）。参考铅酸蓄电池使用说明放电终止电压设定为19.6V。

在2A放电的情况下，放电时间为201分56秒（12085s），约3.35h。放电容量为2A×3.35h＝6.71A·h，比锂离子电池组大。

在7.2A放电的情况下（图10），放电时间为42分38秒（2558s），也就是0.71h。放电容量为7.2A×0.71h＝5.11A·h，比锂离子电池组小。

由于铅酸蓄电池特有的电压恢复功能化学特性，其电压回升幅度比锂离子电池组大强。锂离子电池组和铅酸蓄电池的比较见表4。

表3　铅酸蓄电池规格（LONG WP7.2-12）

额定电压		12V
额定容量	20小时率（0.36A·10.50V）	7.20 A·h
	10小时率（0.684A·10.50V）	6.84 A·h
	5小时率（1.224A·10.20V）	6.12 A·h
	1C（7.2A·9.60V）	4.08 A·h
	3C（21.6A·9.60V）	2.88 A·h
质量		约2.4kg

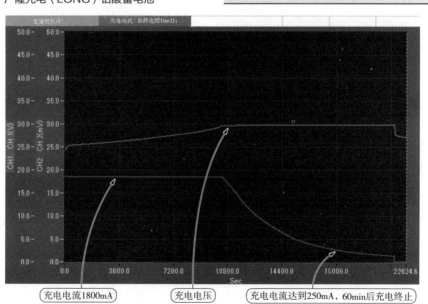

充电电流1800mA　　充电电压　　充电电流达到250mA，60min后充电终止

图8　铅酸蓄电池的充电特性曲线

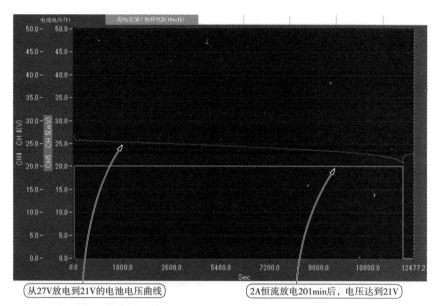

从27V放电到21V的电池电压曲线 2A恒流放电201min后，电压达到21V

图 9　铅酸蓄电池的 2A 放电特性曲线

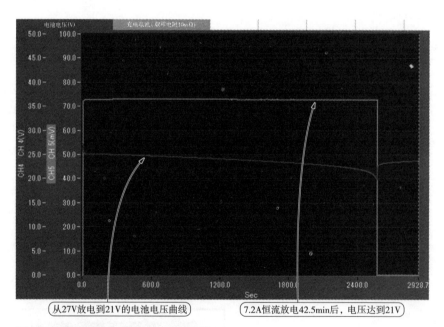

从27V放电到21V的电池电压曲线 7.2A恒流放电42.5min后，电压达到21V

图 10　铅酸蓄电池的 7.2A 放电特性曲线

表 4　锂离子电池和铅酸蓄电池的比较

	锂离子电池 7LPL0678G8C1-1P01	铅酸蓄电池 WP7.2-12 ×2
质　量	1.7kg（为铅酸蓄电池的 34%）	4.9kg
外形尺寸（体积）	95 mm ×97 mm ×240mm=2211cm³（为铅酸蓄电池的 120%）	65mm ×95mm ×150mm ×2=1852cm³
2A 放电容量	5.91A・h（为铅酸蓄电池的 88%）	6.7A・h
7.2A 放电容量	5.64A・h（为铅酸蓄电池的 110%）	5.11A・h
充　电	使用专用充电器以 1.75A 的电流充电，约 3h39min（充电完成指示灯亮起） （为铅酸蓄电池用时的 60%）	直流电源（29.6V，1.8A）充电，约 6h4min （充电电流降至 250mA）

锂离子电池的内部结构

● 铅酸蓄电池、锂离子电池均由电芯构成

本文中的铅酸蓄电池是由 6 个 2V 电芯串联而成的 12V 电池组，锂离子电池则是由 7 个电芯串联而成的。

除此之外，锂离子电池还配有安全保护装置。这是因为铅酸蓄电池的电解液是稀硫酸，而锂离子电池使用的是易燃易爆的有机溶剂。

● 温度检测功能

电池内部是化学物质，工作温度必须在容许范围内。不论是锂离子电池组本身，还是附属充电器，都设置有温度检测功能，时刻监视着电池组内部温度。

当然，电池组内置有热敏电阻，充电器也是通过测量该热敏电阻而获得温度数据。电池组的内部结构如图 11 所示，电芯性能参数见表 5。

表 5　电池组的电芯性能参数（日立麦克塞尔公司资料）

型 号		L0678G8C1
尺寸 /mm	厚 度	最大 6.6
	宽 度	78 ± 1
	高 度	168 ± 1
质量 /g		140
充电（CC–CV）	恒定电压 /V	4.2
	最大电流 /A	12
放电（CC）	终止电压 /V	2.5
	最大电流 /A	12
额定电压 /V		3.7
额定容量 /A·h		6.0

保护电路

● 锂离子电池组保护电路的功能

锂离子电池组的保护电路一般有以下功能：
- 电芯电压监视
- 充电异常检测
- 放电异常检测（放电电流异常检测）
- 电池组温度异常检测

市面上出售的充电宝只有一个电芯，为节约成本往往会省去保护功能，使用时要特别小心。

如本文介绍的电池组由多个电芯串联而成，电池组的安全性设计尤为重要——工程师必须考虑到各种异常情况。

特别是使何种负载，须与电芯厂商协商进行电池组整体设计。因为负载决定了电池组的放电电流大小。

● 15 ～ 30A 电流的输出情况

这里进行电池组大电流放电试验，看保护电路是否正常工作。

本试验同样使用电子负载。根据电池组说明书，输出电流达到 15 ～ 30A，超过 2s 即切断输出。

对电池组进行 14A 电流放电，时间设定为 5s，输出电压、电流如图 12 所示。经过 5s 的放电，输出没有被切断。

将电流增大至 15A，放电时间同样设置为 5s。放电约 2s 后，电池组的输出被切断，输出电流为零（图 13）。

● 输出突然被切断的后果

保护功能启动，输出被切断。用锂离子电池组替

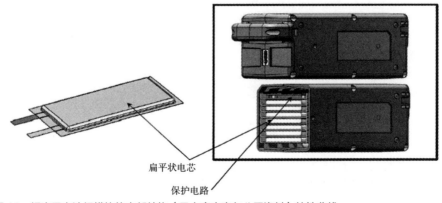

扁平状电芯

保护电路

图 11　锂离子电池组模块的内部结构（日立麦克塞尔公司资料）特性曲线

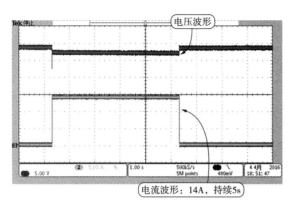

电压波形

电流波形：14A，持续 5s

图 12 输出特性：14A，持续 5s 放电的波形

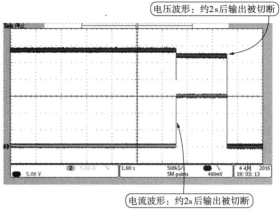

电压波形：约2s后输出被切断

电流波形：约2s后输出被切断

图 13 输出特性：15A，持续 5s 放电的波形

换铅酸蓄电池时，必须注意这个问题。

系统电源突然被切断，会给整个系统带来致命的危险。换用其他型号的电池组时也要考虑系统电源被突然切断的问题。

另外，放电电压低至 21V 以下时，由于达到放电终止电压，也会切断输出。在电机工作时（作为 EV 电源），电源可能被突然切断。

这样，负载电路必须增加一个保护功能，当电源电压接近放电终止电压时，减小负载电流；或在电压过低时，对使用者（驾驶员）发出警报。

结束语

对于想使用锂离子电池的读者，建议使用内置保护装置的电池组和与之配套的专用充电器。

当然，找到称心如意的电池组并不简单。那么，不妨先买来试用一下。电池看似简单，但也需要充分考虑安全性设计，本文介绍的电池组，笔者认为在安全性上是没有问题的。

笔者介绍

鹤冈正美

イーアンドシーラ株式会社

从镍镉电池的全盛时代开始，积累了 30 年以上的蓄电池充电器、电池组设计开发经验。目前，在日本从事高安全性电子设备制造工作。

双电层电容器的特性
与快速高效率充放电应用

—— 匹敌二次电池的大容量电容器

〔日〕三井克司 执笔｜林 磊 译

几千法拉容量的双电层电容器也是一种电容器，充放电时其端子电压会发生变化。结合稳压电路使用时，功效与二次电池一样。由于不是化学电池，和锂离子电池相比，其充放电速度更快、电流更大。本文详细介绍双电层电容器的应用及注意事项。

（编者按）

引言：储能的重要性

电是现代社会的命脉，发电厂根据用电量向用户供电，一旦发电机出现故障，就会导致停电事故。此外，在核能替代上被寄予厚望的可再生能源——太阳能，也只能在昼间发电。风力发电也一样，只有在有风的情况下才能够发电。也就是说，可再生能源普及的关键是电能的有效储存（包括储能原理和技术）。

最好的电能储存设备是电池（二次电池），如手机和平板电脑中使用的锂离子电池、汽车中使用的铅酸蓄电池。这里，向大家介绍另一种电能储存设备——双电层电容器。

电池和双电层电容器

电能储存设备有很多种，其中，电池就有很多种，分类方法也各种各样。

● 一次电池与二次电池

以是否可重复充电使用为标准，电池可分为一次电池和二次电池，一次电池不可重复使用，二次电池可重复使用。对于储能应用，应使用二次电池。锂离子电池和铅酸蓄电池就是二次电池（后文统称为电池）的代表。

● 化学电池与物理电池

以是否发生化学反应来储存电能为标准，电池可分为化学电池和物理电池。

化学电池的主要代表有锌锰电池、碱性电池和锂一次电池（纽扣电池）等（图1）。

物理电池是利用物理现象储能的设备，储能过程中不发生化学反应。例如，夜间用电能将水抽至上水库，将电能转化为势能储存起来的抽水蓄能电站；用电机带动飞轮高速旋转将电能转换为机械能储存起来的飞轮。上述设备均为物理电池，但是储存形式不是电能，所以均不能称为电子元器件。

● 双电层电容器是二次电池

在物理电池中，双电层电容器是一种将电能以电荷的形式储存起来的元件。这种储能方式没有能量转换，具有诸多优点。例如，储能过程中不发生化学反应，充放电数十万次后性能也不会大幅下降；能量转换过程中损失较小，可进行快速高效率充放电。

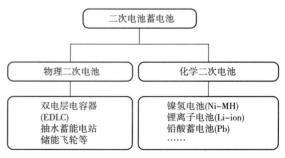

图1 电池（二次电池）和电容器的分类

但是，双电层电容器也不是没有缺点。与化学二次电池相比，小型化和大容量化困难。此外，双电层电容器很少被归入二次电池。因为电容器电压根据充电量，会在0V至额定电压之间变化，而不像化学电池那样提供恒定的电压。

不过，电容器与DC-DC电路相结合（获得稳定的输出电压），就可以和二次电池一样使用了。本文将用二次电池的性能指标考察双电层电容器。双电层电容器的英文名为EDLC（Electric Double-Layer Capacitor），后文简称为电容器。

● 电池与电容器的能量密度、功率密度

能量密度和功率密度是衡量电池性能的两个重要指标。常用电池与电容器的能量密度、功率密度特性如图2所示。图2采用的是网络上公开的数据。基本上采用的是电芯数据，实际模块化电池中的数值比这个稍小。图中横轴和纵轴均为对数坐标。因此，左边电解电容器与右边锂离子电池的能量密度、功率密度相差1000倍左右。

● 能量密度与功率密度的意义

图2中，能量密度[①]表示每千克电池所储存的能量，图中越靠右的元器件储存的能量越多；而功率密度是指每千克电池的最大输出功率，越靠上输出功率越大。

对EV而言，能量密度越高就可获得越长的续航里程，功率密度越高就可获得越大的瞬时功率。例如：

- 启动时的最大输出功率：10kW
- 匀速行驶时的输出功率：100W

在EV上分别安装1kg的锂离子电池和电容器进行比较。

匀速行驶时，能量密度为100W·h/kg的锂离子电池可行驶1h。而电容器的能量密度为8W·h/kg，可行驶时间 $t = 8W \cdot h/100W = 0.08h$，不足5min。

然而，锂离子电池的最大输出功率为1kW左右，启动时不能提供较大的瞬时功率，影响车辆的加速性能。而电容器能提供几十千瓦的输出功率，能提供较大的起动加速度。

当然，将锂离子电池并联也可以获得较大的起动功率（市售EV也是通过这种方式获得较大输出功率的）。

● 充放电时间的比较

图2中绘有0.1s、10s、1h时间线，表示一个电池或电容器的最短充放电时间。若在线的左上位置，则表示其充放电时间比该线表示的时间少；在线的右下位置，则表示充放电时间比该线所示的时间多。

也就是说，电解电容器的充放电时间在几十毫秒以内，电容器在10ms～10s，锂离子电池在几十分钟至1h之间。

典型应用如图3所示。电动汽车（EV）、插电式

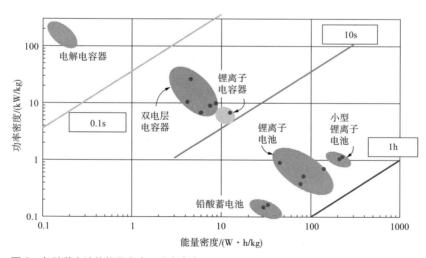

图2　各种蓄电池的能量密度、功率密度

---

① 能量密度、功率密度有单位质量和单位体积之说。电池质量与体积的关系用密度表示，对于电容器，扁平型为1.1～1.2g/cm³，圆筒型为1.3～1.5g/cm³，比电池轻许多。锂离子电池为1.5～2.5g/cm³，铅酸蓄电池为2.5～3.2g/cm³。如果将电池和电容器制成1L装的利乐包，则电容器质量为1kg，锂离子电池质量为2kg，铅酸蓄电池质量为3kg。

混合动力车（PHEV）、混合动力车（HEV）在 10s 线到 1h 线之间，因此使用的是镍氢电池和锂离子电池。短时间内需要大功率做功 / 再生的机床和起重机在 0.1s 线到 10s 线之间，它们使用电容器来削峰填谷使负载功率平均化，减小电压暂降。

● 考量 EV 驱动电机

对于图 2，有一个更加形象的比喻，如图 4 所示。这里，将电荷比作水，将蓄电量比作容积。锂离子电池、铅酸蓄电池像注水口很小，但蓄水量很大的柏油桶，将水灌入和倒出都需要相当长的时间；电解电容器像注水口较大，但容积很小的高脚杯，适合在几毫秒内

充放电；双电层电容器则像容积居中且具有较大注水口的醒酒器，比较适合 0.1 ~ 10s 的充放电。

电机驱动电路的框图如图 5 所示。直流电机通常采用 PWM 控制方式。采用开关频率几千至几十千赫兹的半导体开关。这时需要通过毫秒级的电流（纹波电流），而驱动器直流输入端的电解电容器可以提供纹波电流。由于电机加速（做功行驶或减速再生）通常需要几秒到几十秒，这个时间内由双电层电容器供电 / 再生，这就叫做物尽其用（图 6）。电机功率变化很大，其最大功率和额定功率相差几倍，这就需要用双电层电容器提供峰值输出。电池只需要提供平均功率就可以让电机正常工作，整体性能得到提高。

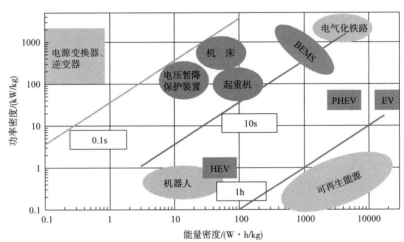

图 3　能量密度、功率密度与各种应用的关系

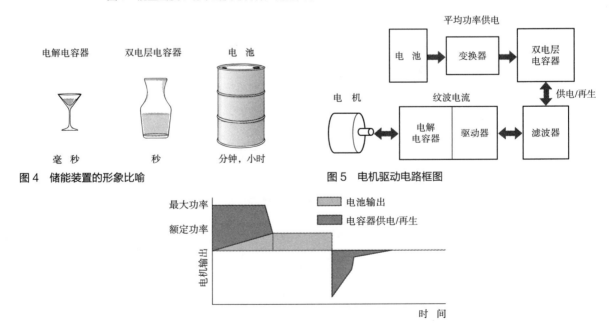

图 4　储能装置的形象比喻

图 5　电机驱动电路框图

图 6　EV 驱动电机的电池输出

工作原理和工作模式

双电层电容器（EDLC）是物理电池，在结构和工作原理上与锂离子电池有差别。

● 双电层原理

将电导体浸没于电解液中，电导体和电解液之间便会产生一个绝缘层。这个绝缘层是自然产生的，对其施加电压后，正负电荷便排列在绝缘层的两边，这就形成了一个电容器。由于该绝缘层的内部分为两层，因而叫做双电层。双电层会同时产生正负极，利用界面双电层原理制造的电容器就称为双电层电容器，如图7所示。

● 电极是串联结构

双电层电容器中无论是正极，还是负极，都是一个电容器。然而，两极在电路上是串联结构，理由是电极不能直接从电解液中得到电荷。根据平行板电容器的原理，电容量与极板面积成正比，与绝缘体厚度成反比。

$$C = \varepsilon S/d \qquad (1)$$

式中，ε 为介电常数；d 为绝缘体厚度；S 为极板面积。

● 基本结构——增大电容的设计

双电层绝缘膜太薄，不能人为制造，无法人为地使双电层绝缘膜变得更薄。所以，只能通过增加极板面积来增大电容。

（1）使用表面积大的活性炭制作极化电极

活性炭拥有非常大的单位重量比表面积，可用来制作极板（也被用作除臭剂）。活性炭的代表性原料是椰子壳。将椰子壳焚烧后，进行活性化处理，即可生产出活性炭。平均每克活性炭有着难以置信的 2000m^2 表面积，是实现双电层电容器大容量的理想原料。

电解液使用 PC（碳酸丙烯酯）或 ACN（乙腈）等有机溶液，是由于其拥有比水溶性电解液更高的耐压性能。

（2）起到防短路作用的隔膜

膜与电容器的绝缘体不同，只起到防止正负极活性炭极板短路的作用，主要是防止活性炭颗粒自由移动到对面的极板形成短路，但可让电解液中的离子顺畅通过。隔膜材料多为不溶于电解液的纤维素、无纺布，有时还可以用纸。

制造电容器的材料只有铝、活性炭、纸张、电解液，不需要稀有金属。因此，受原材料短缺和价格垄断的影响小，且较为环保。

产品化双电层电容器的结构

● 外形上可分为两种

双电层电容器从外形上可分为叠层型和圆筒型。在涂敷了活性炭的两层铝箔之间夹入隔膜，并将其卷成圆筒，装入圆柱形外壳的，称为圆筒型。将电极－隔膜－电极进行叠层后制成的，称为叠层型（或扁平型）。

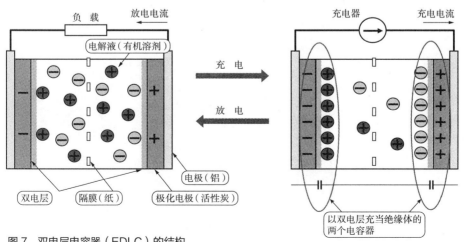

图7　双电层电容器（EDLC）的结构

● 拥有相同结构的正负极

和锂离子电池不同，双电层电容器正负极的结构是相同的，如图 8 所示。

叠层型的优点是可从各层电极引出引线至电容器的外部引脚，集电极部分电阻较小。圆筒型也可以增加连接到铝端子的连接线数量减小电阻，但这会增大电容器直径，这取决于电容器的规格和设计理念。

● 内部高压气体的释放

双电层电容器是不发生化学反应的物理电池，但在高温、高压环境中使用时，其内部残存的杂质会与电解液反应，进而产生气体（CO、CO_2 等）。

在过电压或超过规格的高温环境中持续使用的情况下，内部产生的气体量增大，可能会导致外壳破裂。因此，每个电池都必须具备防爆结构。当然，不会像锂离子电池那样发生内部有机电解液燃烧而引起爆炸，危险性较低。

圆筒型电容器可承受高达 10 个大气压的内部压力，叠层型只能受 2 ~ 3 个大气压。

因而，叠层型使用了排气阀，当内部产生的气体压力超过一定值时排出气体，待内部压力下降后自动关闭，保持内部气压高于外部气压。由于这种机制，即便长期使用也不会发生破裂。

圆筒型多采用防爆阀，当内部压力高于一定值时，防爆阀会有多种方式开启。如果超过额定值使用，防爆阀将会打开，此时电容器无法使用。

此外，防止电解液泄漏也同样重要。为了避免上述异常情况的发生，就需要之后介绍的 CMS（Capacitor Management System）等控制电路起到保护协调的作用。

● 模块化

与锂离子电池一样，电容器的电动势会随着充放电发生变化。仅根据耐压和功率密度决定结构虽然是可行的，不过为了方便制造和使用，常将多个单体模块化使用。

关于模块化，叠层型由于是长方体，方便塞入一个长方体外壳中，具有较大的空间利用率。但叠层型单体为了增加活性炭电极和铝集电极的接触密度，通常要在外部施加一定的压力。如何设计外部施压装置，是设计叠层型模块的重要问题。

而圆筒型在卷制单体的过程中已经施加了一定的压力，所以制作模块时就无需额外设计加压装置。因此，只需要将单体简单排列就行了，比较叠层型更易制作。

● 汽车中多采用圆筒型

实际中使用的电容器，多以模块形式出现，因此需要根据安装位置和抗震性能等条件进行比较和考量。目前，汽车中多采用易于进行抗震设计的圆筒型，工业机械中多采用叠层型。

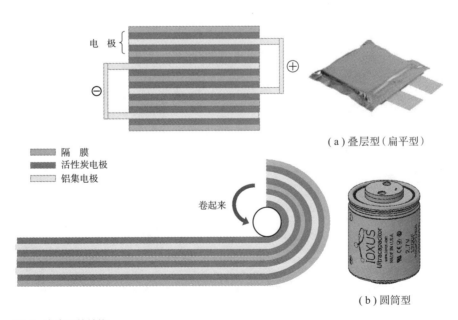

电极 {

⊖ ⊕

（a）叠层型（扁平型）

隔 膜
活性炭电极
铝集电极

卷起来

（b）圆筒型

图 8 电容器的结构

双电层电容器的等效电路

● 电容器的内部阻抗

图 7 所示的电容器结构简化后如图 9（a）所示。抽象为正负极电容器串联的等效电路，如图 9（b）所示。将两个电容器串联的等效电路进一步简化，如图 9（c）所示。

图 9（c）只有串联电阻 R_s 和并联电阻 R_p。串联电阻 R_s 又称为内阻，在电容器说明书上有明确记载记录。电流从电容器流出时，正负极之间的端子电压会因该电阻而下降。

● 增大电容器的并联电阻可减小内部损耗

大容量电容器由于并非工作在千赫兹级的高频，只考虑电容器的纯电阻是没有问题的。其并联电阻又称为泄漏电阻，电容器充电后会因该电阻的存在而发生自放电。

20 年前，电容器的泄漏电阻大，充满电后只需几小时就会漏完。如今，单位容量（法拉）已提高到几兆欧 ~ 几十兆欧；情况才得到改善，有必要多加注意。

电容器并联时，电容等比增大，电阻等比减小。也就是说，电阻和电容是倒数关系，若一个 1000F 的单体电容器的泄漏电阻为 10MΩ，则其泄漏电阻表示为 10kΩ/F。

● 双电层电容器的电压保持能力

双电层电容器的实际电压保持数据如图 10 所示。将电容器以 1.5V 恒压充电 2h 后，在常温中放置。

选择 3 种电容器进行比较，观测 480h 后的剩余电压。其中，电压保持最好的是 18MΩ/F 的叠层型 A，最差的是 6MΩ/F 圆筒型。

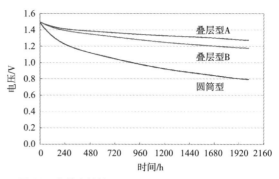

图 10　自放电特性

但这也不是绝对的，因为每个单体的泄漏电阻存在差异。

制造时，通过精密控制活性炭电极的厚度和电解液的注入量，可将电容 C 和内阻 R_s 差异控制在百分之几以内，但泄漏电阻较难控制，因此一致性较差。

事实上，泄漏电阻一致性问题导致各单体存在性能差异，会致使整个模块发生致命的问题故障。若没有之后介绍的均衡电路，模块将无法长期正常使用。

电容器归一化内部阻抗
——Ω·F（欧姆法拉）的意义

● 必须比较电极单位面积的内阻

双电层电容器的内阻就是图 8 所示等效电路的串联电阻 R_s，内阻 R_s 越小，充放电损耗越小，性能越好。

但是，比较 0.1F 的电容器和 100F 的电容器时，由于电极面积不同，比较内阻 R_s 是不合理的。为了公平地比较电容器的内阻，这里引入归一化内阻的概念。所谓归一化内阻，就是单位容量的内阻。

● 对内阻进行归一化比较

例如，以下 3 种电容器：
① 电容 $C = 10F$，内阻 $R_s = 1\Omega$；
② 电容 $C = 5F$，内阻 $R_s = 1\Omega$；
③ 电容 $C = 50F$，内阻 $R_s = 0.2\Omega$。
只看内阻的话，③的内阻最小。这里，将所有电容器通过并联的方式，将容量换算成 3 种电容器中的最大容量 50F，以便于比较它们的归一化阻抗。这样，①需用 5 个并联，②需用 10 个并联。

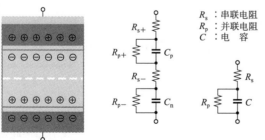

（a）双电层电容器　　（b）等效电路　　（c）简化等效电路
　　简化结构图

R_s：串联电阻
R_p：并联电阻
C：电　容

图 9　电容器的等效电路

归一化比较的结果显示，②的内阻是最小的。

① 电容 $C = 50F$，内阻 $R_s = 0.2\Omega$；

② 电容 $C = 50F$，内阻 $R_s = 0.1\Omega$；

③ 电容 $C = 50F$，内阻 $R_s = 0.2\Omega$。

● 归一化内阻 = 电容 × 直流电阻

将电容器的容量换算成一样后虽容易理解，但计算起来有所不便。为了计算方便，归一化内阻按下式计算：

$$电容\ C（F）\times 直流电阻\ R_s（\Omega）$$

对先前所说的3种电容器的归一化内阻进行计算，结果如下。

归一化内阻：$10\Omega \cdot F$

归一化内阻：$5\Omega \cdot F$

归一化内阻：$10\Omega \cdot F$

归一化内阻主要取决于活性炭电极的性能。用同样规格的活性炭电极制造的电容器，只有容量的不同，而归一化内阻是一样的。

● 归一化内阻和时间常数

电阻与电容的乘积，与电子电路中时间常数的概念是一致的。时间常数 τ，单位为 s。

在电子电路中，对电容器两端施加电压时，电容器两端电压升至施加电压的63%所经过的时间，称为时间常数 τ（$R_s \times C$）。因此，归一化内阻也可用来表示电容器的大致充放电时间。

所谓大致，即在不考虑效率的情况下进行充放电就是这个数值。实际应用中，进行高效率充放电时，会采用时间常数的10倍值。

● 对两个时间常数不同的电容器进行充电仿真

这里，我们对 C_1（$0.36\Omega \cdot F$）和 C_2（$3.6\Omega \cdot F$）两个时间常数不同的电容器进行充电仿真，充电电压和电流波形如图11所示。

电池以 1.2kW 的恒定功率充电，直到完全充电为 32V。使用最大电压 32V、1.2kW 的恒功率电源对电容器充电，$3.6\Omega \cdot F$ 的 C_2，在端子电压达 32V 的时候，两端电压还在 27V 左右，到充满电为止花了 30s。当 C_1 的电压升至 32V 时，C_2 的电压只升至 27V，充满电需要近 30s。

● 充电效率不同

图11的充电效率见表1。$0.36\Omega \cdot F$ 电容器的充电效率为 95.5%，同样功率的放电效率也为 95.5%，

充放电效率为 91%（95.5% × 95.5%）。$3.6\Omega \cdot F$ 电容器的充电效率为 75.9%，同样功率的放电效率也为 75.9%，充放电效率为 58%（75.9% × 75.9%），相对较低。在进行 30s 快速充放电的条件下，电容器即便只有 50% 的效率，也远超电池的效率。

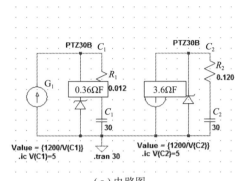

（a）电路图

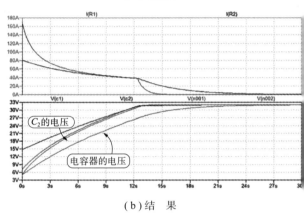

（b）结　果

图 11　电容器的充电仿真

表 1　充电效率计算

	C_1/kJ	C_2/kJ
输入能量	15.716	19.691
储存能量	15.003	14.946
充电效率	95.5%	75.9%

电容器的串联和初始化

● 充电至额定电压附近可提升效率

与锂离子电池相同，多个电容器串联充放电会带来诸多问题。下面，我们讨论多个单体电容器串联使用时的注意事项。

首先，和普通电容器一样，双电层电容器过电压

也会损坏，因此必须将其工作电压严格控制在额定电压以下。

电容器的充电能量与电压的平方成正比，如式（2）所示。将额定电压为1V的电容器充电至70%额定电压时，（0.7V）²=0.49V²，只充入了49%的电量。所以，要提高使用效率，就必须充电至额定电压附近。

$$U = \frac{1}{2} CV^2 \qquad (2)$$

式中，U（J）为充电能量，C（F）为静电容量，V（V）为电容器电压。

● 将3个容量不同的电容器串联充电

现在，将额定电压为2.7V的3个1000F±10%电容器单体串联。假设3个单体的容量分别为900F、1000F、1100F。3个单体从空状态（0V）开始充电，

900F的电容器率先到达2.7V。这时，根据电容器充电原理可知，1000F、1100F单体的电压分别只有2.43V、2.2V（图12）。

根据式（2），充电至2.2V的1100F单体的电量是满电时（电压达到2.7V时电量为100%）的66.4%。加之电容器本身的能量密度低，近三成电量无法充入是个大问题。

实际上，长时间持续使用大量单体，每个单体的劣化速度有所不同，存在与预期±10%的性能差异或更多。

● 将每个单体都充满

为了将每个单体完全充电，我们采用了与工作电压范围最大值对齐的方法。一是，放电时各单体的电压发生差异，但不会发生任何问题，更不会发生单体损坏。其次，将单体充电至最大电压时，所有单体电压是一致的，都为最大电压（图13）。

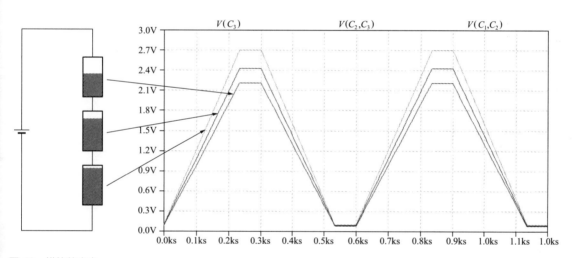

图12　模块的充电

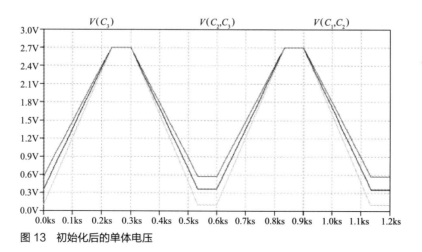

图13　初始化后的单体电压

● 初始化

将各单体充电至额定最大电压的方法称为初始化。

仅用初始化方法来保持各单体的电压均衡是不够的，因为泄漏电阻的存在，各单体电压会慢慢失衡。

模块中保持各单体电压均衡的电路必不可少。没有均衡电路，就无法保证模块的长期可靠性。通常情况下，这个均衡电路的初始化非常耗时，但在这我们会介绍 EV 比赛等只能短时间进行初始化情况下的两种方法。

● 手动初始化

初始化根据使用目的和使用条件而有所不同，这里介绍一种原始而简单的方法。这种方法不产生多余的热量，只需要使用充电器和小型 CC–CV 电源，步骤如下。

① 用充电器对模块充电，直到其中一个到达额定电压。充电电流越大，充电速度越快。如果知道电容器内阻，就可根据电流流过内阻所产生的电压降设置充电器电压。

② 将 CC–CV 电源的电压设置为额定电压（如 2.7V），电流设置为最大值，与各单体连接。

若连接前电源输出为关断状态，则导通瞬间流入电源输出端电解电容器的电流剧增。因此，连接时电源输出应设为导通状态。

③ 当单体电压低时，以恒定电流充电，但当到达设定电压后转为恒定电压模式。当电流变为 100mA 以下时，电容器即处于额定电压下的充满状态。

④ 当所有单体达到充满状态后，电压均衡也随即完成。

● 电流旁路初始化

这是一种在各单体串联状态下自动完成初始化的方法，但需要制作专用的电流旁路电路夹具，电流旁路电路如图 14 所示。

旁路电流由初始化的时间和夹具损耗决定。最大充电电流为 10A 时，取得电流旁路的时间将会缩短。图 14 中 R_7 和 Q_2 的功耗大约为 27W，这就需要增加强制风冷散热措施。

假设对单体电压差为 0.5V 的 1000F 模块进行充电，将旁路电流设为 1A、10A 时，比较结果见表 2。

也就是说，各单体电压达到平衡的时间是 500s 还是 50s，取决于旁路电路的功耗。

① 将充电器的恒定电压设为模块额定电压，电流设为最大值。

② 用最大电流充电，直到其中任一个单体的电压达到 2.7V。

③ 将充电器的电流降至旁路电路的设计电流。

④ 当充电器进入恒压模式后，充电电流减小到一定程度后完成充电。

旁路电路的实际工作电流取决于充电器的恒定电压设定值和旁路电路的设定精度，将充电器的恒定电压设定值调低一些，充电电流就会有所降低。

表 2 旁路电流为 1A 和 10A 时的单体均衡时间

旁路电流	均衡时间	旁路电路功耗
1A	500s	2.7W
10A	50s	27W

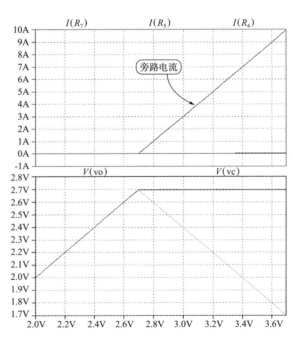

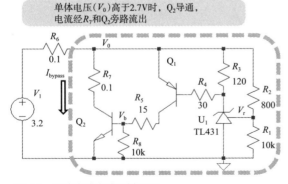

图 14　电流旁路电路及其波形

均衡电路

● 均衡电路的工作方式是主动的，还是被动的？

单体电压均衡电路有不少，大体可分为主动和被动两类（图15）。

（1）主动均衡电路

主动均衡是一种积极的电压均衡方法，采用开关电源等将电荷从高电压的电容器单体移动到低电压的电容器单体。

其优点是，采用开关电源移动电荷，效率高，电压均衡性好。而且，开关电源的电流可以设计得很大，使各单体达到均衡的时间较短。

其缺点是，每个单体都要配一个开关电源，电路较复杂，成本较高。

近来，随着凌力尔特公司开发的 LTC3300-1 等安培电流级的高效率双向多电芯电池组均衡器问世，均衡电路实现了小型化，可用于锂离子电池等大容量蓄电池的快速电压均衡。

（2）被动均衡电路

被动均衡是通过对高电压的单体进行放电，实现低电压的单体均衡的方式。

被动均衡效率显然不如主动均衡高。但是，电容器事先经过了初始化，只需消除各单体间由泄漏电阻产生的电压差异，毫安级的旁路电流已经足够。

实现方法有在各单体上并联电阻的方式，在一定条件下采取电流旁路的方式，其电路简单且成本低廉。

■ 被动型：电阻均衡

● 最简单的方法

对于被动均衡电路，在电容器上并联一个电阻是最简单的方法，称为电阻均衡式。电阻均衡电路如图16所示。

在电阻均衡电路中，各单体的电压由泄漏电阻和均衡电路电阻决定。电阻均衡使电压均衡，如图17所示。

假设泄漏电阻分别为 $50k\Omega$ 和 $100k\Omega$，无均衡电路时，$100k\Omega$ 泄漏电阻的单体分压为 3.24V，会发生损坏。

这里，并联一个只有泄漏电阻1/10的 $5k\Omega$ 电阻后，各单体的电压就平衡了，$100k\Omega$ 泄漏电阻的单体电压下降至 2.74V。

在额定电压以上，电容器单体不会马上损坏，但模块要降压使用。通过进一步降低电阻均衡的电阻值，可以进一步降低偏差。

● 由于泄漏电流大，常用于长时间处于充电状态的应用

并联电阻的方式很简单，但也有缺点。并联均衡电阻的目的是，减小各单体间内阻差异的影响，但这会使泄漏电流增大到原来的10倍甚至几十倍，充电后的自放电速度变快。但对于 UPS 这样的长时间处于充电状态的应用，问题不大。

而再生电容长期工作于低电压状态，必须取得电压均衡。在这种状态下充电，各单体在额定电压附近会产生差异。因此，设计时要保证每个单体在不超过额定电压的情况下都有足够的蓄电量。

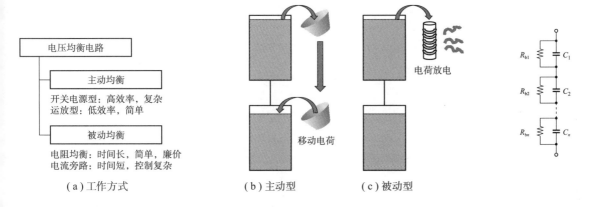

（a）工作方式

（b）主动型

（c）被动型

图15　均衡电路的种类

图16　电阻均衡电路

■ 主动型：电流旁路

● 在最大电压时均衡各单体电压

在电阻均衡电路中，通常采取电流旁路方式来获得各单体间的电压均衡，如图13所示，在最大电压时均衡各单体间的电压，同时防止过电压。采用电流旁路方式的主动均衡电路的原理如图18所示。这是一种使用了晶体管的主动方法。

每个单体都拥有一个基准电压，当单体电压大于或等于基准电压时，晶体管导通，电流被旁路。这样，就可以将每个单体的电压控制在基准电压之下。取得电压均衡的时间，取决于旁路电流的大小。

但是，旁路电流流经晶体管时会产生功耗，就须对晶体管进行散热设计。

● 过压保护功能启动时均衡各单体电压

下面介绍无需将各单体充电至最大电压，在过压保护功能启动时进行电压均衡的方法。

如图19所示，在晶体管上串联一个电阻，以限制旁路电流。当充电电流＞旁路电流，达到基准电压后，电容器电压仍会上升。因此，需要增加过压检测及过压后及时终止充电的功能。图19的电路和图14在形式上是一致的，区别在于晶体管工作状态是饱和，还是线性。

● 无多余放电

与电阻均衡电路相比，电路的制作成本有所上升，但在设定的基准电压以下，由于没有旁路电流，不会产生多余放电。因此，适用于与电源同时开关和做功/再生频繁切换的电路。

■ 使用专用集成电路的电流旁路

● 模拟前端BMS专用集成电路

专为电池应用开发的BMS集成电路，各半导体厂商均有出售。这些集成电路通常会集成模拟前端（AFE），电压/电流检测AD转换器，控制用GPIO和串口通信等功能，无需微处理器就可实现电压均衡控制。

具有代表性的BMS集成电路，有德州仪器的BQ769x0系列、美信（Maxim）的MAX14920系列、Intersil的ISL94203、凹凸科技（O_2 Micro）的OZ890等。这类应用在电池领域称为BMS[1]，在电容器领域可称为CMS[2]。OZ890的原理框图如图20所示。

● OZ890的功能

每种型号的电池控制集成电路的性能参数有所不同，但功能大体相同。当然，以下所列的主要功能，并非所有型号都具备，还是要以对应的说明书为准。

① 电压检测：使用ADC测量各单体电压；
② 电流检测：使用外部分流电阻测量电流；
③ 温度检测：使用内部集成电路和热敏电阻测量各单体温度；
④ 电流旁路：检测电压不均衡并执行电流旁路；
⑤ 充放电半导体开关；
⑥ 串口通信：各种设定值的写入和数据的读取；

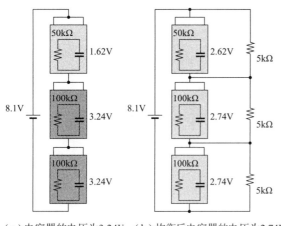

（a）电容器的电压为3.24V （b）均衡后电容器的电压为2.74V
图17 均衡电阻使电压均衡

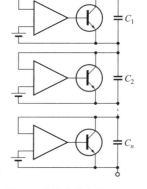

图18 电流旁路电路

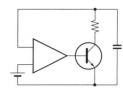

图19 旁路电路（单体）

① Battery Management System，电池管理系统。
② Capacitor Management System，电容器管理系统。

⑦ 报警信号：过电压、过电流、温度过高或过低、单体间电压差异过大等的检测。

当施加于电容器的电压达到集成电路的启动电压时，控制从写入 EEPROM 初始设定值开始。设定值通过串口通信写入，所以要先写入。

● OZ890 的工作模式

OZ890 的电源规格见表 3 所示。工作模式分为 4 种。

① 普通模式：所有 AD 采样工作在全速状态，保护电路，所有 MOSFET 处于使能状态；

② 待机模式：所有 AD 采样工作在低速状态，保护电路，MOSFET 处于使能状态；

③ 休眠模式：停止 AD 采样，只有短路保护处于工作状态；

④ 关机模式：除 LDO 以外，停止所有功能。

用户可指定任意工作模式。在之后的实验中，通过调节工作模式降低功耗的方法如下。

• 当分流电阻检测到电流时进入普通模式，当充放电电流小于 100mA 时进入休眠模式。

• 定时（4 min）让系统恢复普通模式，当电流较小时返回休眠模式。

根据电流判断电容器是否处于工作状态，如不处于工作状态（没有电流流过电容器）就转入休眠模式。

● 监视项目

电流流过电容器时，电压、电流、温度更新，并监视是否有以下报警：过电压保护（OVP），过电流保护（OCP），高温保护（OTP），低温保护（UTP）。

发生报警时，根据设定切断充电 / 放电 MOSFET 开关，停止正在进行的充电 / 放电。

表 3　OZ890 工作模式

测试条件		V_{CC} 电流 / μA	
		典型值	最大值
普通模式	$V_{CC} = 56V$		1500
待机模式			150
休眠模式			50
关机模式		20	30

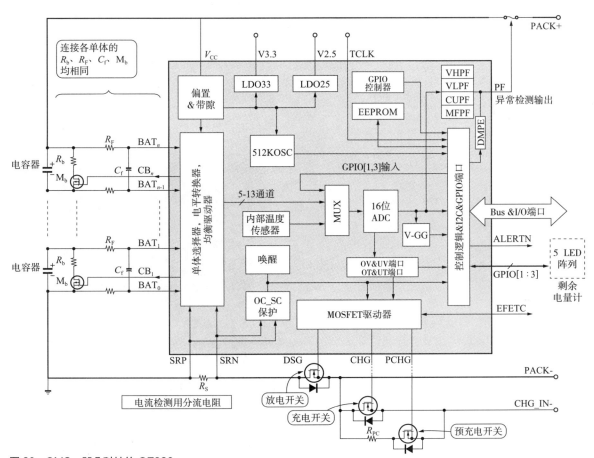

图 20　CMS：凹凸科技的 OZ890

只有当各单体的最大电压和最小电压差值超过设定值时，电流旁路电路才会启动。这时，高电压的单体电容器的 CB_n 信号为高电平，MOSFET 的 M_b 导通。

M_b 导通后，其与 R_b 组成的旁路电路开始工作。CB_n 的电源取自电容电压 BAT_n。因此，M_b 应选用栅极电压尽可能低的 MOSFET，并在一定程度上提高电流旁路开启电压设置。

● 电流旁路电路

实际电路如图 21 所示。MOSFET 选用安森美 NTR4501，栅极电压 $V_{gs(th)} = 1.2V_{max}$。电流旁路开启电压设为 2.4V。

工作波形如图 22 所示，充电时 OZ890 处于普通模式。当单体电压到达设定电压 2.4V 时，CB_n 信号为高电平，MOSFET 导通。

由于 51Ω 电阻的存在，2.4V 时的 $I_b = 2.4/51 = 4.7$（mA）。

笔者使用的实验板如图 23 所示。

● 多单体串联实验

将 12 个 350F/2.7V 的单体串联成模块（图 24），加装 CMS 电路后，实际充放电波形如图 25、26 所示。

在图 25 中，最初的最大单体电压和最小单体电压差为 0.27V，经多次充放电循环后逐渐变小。根据 CMS 设定，当单体电压高于 2.4V 且电压差在 40mV 或以上时，51Ω 均衡电阻处于放电状态。均衡电路只工作于充电状态，当没有电流或均衡电路工作于放电状态时，均衡电阻处于开路状态。在图 25 中，由于充放电很快，均衡的过程不容易看清楚，减小电流后实验，进而绘制出图 26。

在图 26 中，可以清楚地观测到各单体电压缓慢均衡的过程。尽管放电是瞬间完成的，但在充电开始时，各单体电位差没有减小。这是因为最大单体电压小于 2.4V，均衡操作没有完成。再者，电压差在 40mV 以下时，均衡电路停止工作，电压差不变并且按照设定进行控制。

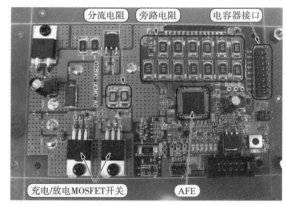

图 23　CMS 实验板

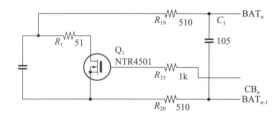

图 21　电流旁路电路实例

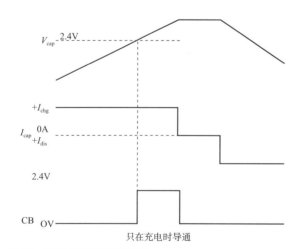

图 22　电流旁路电路工作波形

图 24　CMS 实验

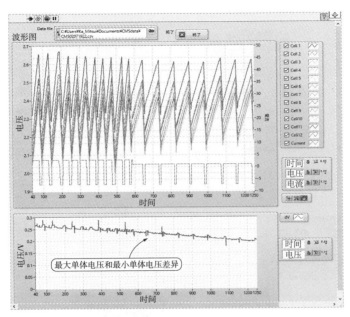

图 25　加装 CMS 的模块的充放电波形①
CMS 设定值：均衡开始电压，2.4V；均衡电阻，51Ω；最大均衡电压，40mV

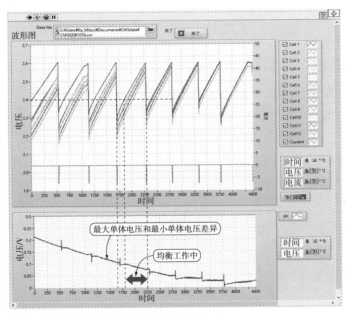

图 26　加装 CMS 的模块的充放电波形②

电容器模块实例

　　IOXUS 公司的电容器模块和单体如图 27 所示。单体为 2.7V/1000F，外形尺寸为 φ60mm×80mm（含端子）的圆筒型，正负极端子分别位于两端。模块由 6 个 1200F 单体串联而成（比较参照物为 iPhone 6s）。

　　均衡电路如图 28 所示，布置于模块的侧面盖板内，通过导线与各单体连接。

　　模块的结构如图 29 所示，外壳为带有散热片的铝压制成型，各单体之间嵌入导热材料，确保绝缘性、散热性和抗震性。各单体均为串联，之间直接激光焊接，或铝制母线焊接。正负端子也采用焊接方式连接，以减小连接电阻。

图 27　电容器模块（内含 6 单体）和单体的外观

图 28　均衡电路的配置

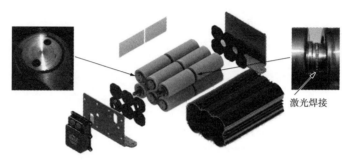

激光焊接

图 29　单体的连接方法

电容器发展方向

● 更高的规格

目前，电容器的性能参数，额定电压一般为 2.7V，最高工作温度为 60 ~ 65℃。但市场需要更高的工作温度和能量密度，提高最大工作温度和额定电压是未来趋势。

● 更长的寿命

电容器的寿命遵循阿伦尼乌斯方程：工作温度上

升 10℃，寿命减半。也有通过使用比额定电压低 0.1V的电压，寿命延长至 2 倍的记录。

在与目前相同的寿命特性条件下，若同时提高额定电压和工作温度，就相当于性能可提高至 4 倍。因此，根据不同的应用需求，可针对性地选用高耐压产品和耐高温产品。

IOXUS 公司的 TITAN 系列单体拥有 85 ℃ 的最高工作温度和 2.85V 的额定电压，归一化内阻为 1300F×0.25mΩ，也就是 0.33Ω·F，可以用于瞬时峰值功率输入和输出。具体性能参数和寿命数据见表 4、图 30、图 31。

表 4　电容器规格

型　号	iRB1250K270CT	iRB2000K270CT	iRB3000K270CT
电气特性			
电容（最小值 / 额定值）/F	1250/1300	2000/2100	3000/3150
耐压（额定值 / 瞬时值）/V	2.7/2.85（85℃）或 2.85/3.0（65℃）		
DC ESR 10ms（最小值 / 额定值）/mΩ	0.25/0.31	0.20/0.28	0.17/0.26
IEC DC ESR（最小值 / 额定值）/mΩ	0.42/0.51	0.29/0.35	0.25/0.31
AC ESR 1kHz（最小值 / 额定值）/mΩ	0.18/0.26	0.17/0.22	0.17/0.22
电感 /nH	60	60	60
72h 泄漏电流 /mA	1.7	3.7	4.5

型　号	iRB1250K270CT	iRB2000K270CT	iRB3000K270CT
循环特性			
瞬间电流 /A	1300	1900	2700
连续电流 /A	114	126	139
短路电流 /A	10500	13500	15500
温度特性			
工作温度 / 存放温度	−40 ～ 85℃（2.7V）或 40 ～ 65℃（2.85V）		
热阻 /（℃ /W）	5	4.5	4

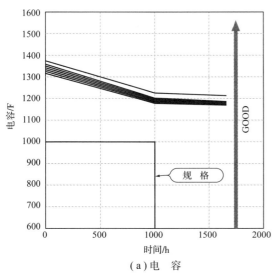

（a）电　容

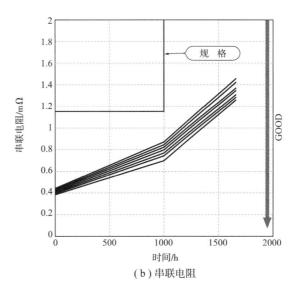

（b）串联电阻

图 30　寿命数据

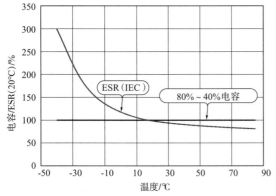

图 31　温度特性数据

要适应车载无源器件的最高工作温度 125 ～ 145℃，就要大幅提高耐高温性能。现今电容器的最高工作温度虽比过去的 65℃已经提高了 20℃，寿命也提高了近 4 倍，但未来一定是向着更高工作温度、更高耐压性和更高能量密度的方向发展。

笔者介绍　　　　　　　　　　　三井克司

Essentia 株式会社

1986 年毕业于山梨大学电气工程系。

毕业后进入某电子仪器厂商从事开关电源设计开发工作，立志成立一个电力公司。1994 年开始了解电容器并进入了 Power System 株式会社（现 IOXUS Japan）。之后 20 年，从事电容器及其应用、检验设备的开发。人生目标是充分结合电路设计、基板设计、钣金加工、软件设计的经验，尝试开发世上没有的东西。2013 年设立 Essential 株式会社，从事开关电源，电容器系统，软件的设计、开发、咨询工作。爱好大型摩托车、公路自行车和跑步。

无刷发电机的制作与特性测试

—— 利用无刷电机套件手工绕制

〔日〕臼田昭司　执笔｜罗力铭　译

　　笔者使用"CQ 无刷电机和逆变器套件"，手工绕制了三相无刷发电机。本文首先对无刷发电机的基本原理进行概述，接着就发电机制作实例进行说明，然后讲解发电机基础实验。具体来讲就是，为了调查所制作的发电机的基本特性，用感应电机驱动发电机，控制转速，进行输出特性实验。然后，在此基础上，用自行车后轮驱动发电机，调查其转速、输出电压和电流、输出功率的关系。

（编者按）

发电机的原理

● 弗莱明右手定则

　　发电机的原理，可以用电磁感应定律解释。发电机的示意图如图 1 所示，在磁体形成的磁场中，转动线圈状导体（以下简称线圈）。根据电磁感应定律，导体中会产生感应电流，这就是弗莱明右手定则。

　　线圈导体上下移动时，导体内感应电流的方向是相反的。线圈的两端连接到旋转轴上被称为滑环的圆环，并且每个圆环固定与两个触点（电刷）接触。在该状态下转动线圈，能够获得电流。

　　线圈中感应电流的大小（即电动势 e 的大小）如式（1）所示，与磁感应强度 B、导体垂直于磁场方向的移动速度 v 成正比。

　　发电机的线圈在磁场中做圆周运动，导体在垂直磁场方向上上下移动。当线圈与磁场方向垂直（$\theta = 0°$）时，电流为 0；呈水平状态（$\theta = 90°$）时，电流最大。即，感应电流的大小和方向，取决于圆周运动的垂直分量。

$$e = Blv \tag{1}$$
$$e = Blv \sin\theta \tag{2}$$

式中，l 为切割磁场的导体长度；θ 为切割磁场的导体与磁场夹角。

　　无刷发电机不使用电刷，而是将线圈固定（作为定子），转动永磁体转子（磁场）。由于不使用滑环与电刷，其结构更简单。

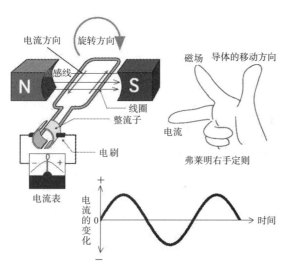

图 1　发电机的原理

无刷发电机的制作

● 线圈规格

　　电机与发电机的使用目的不同，但基本结构大致相同。

　　制作时使用到的无刷发电机（电机）的零部件如表 1、图 2 所示。其中，定子铁心由电磁钢板构成，为

18槽（齿）结构，其放大图如图3所示。

对于定子的各个齿，我们分别缠绕3相(U相、V相、W相)线圈。这次选择的是6串方式，线圈规格为：

$$\phi 0.7\text{mm}，20匝，6串（Y接法）$$

以一相（U相）为例，6个齿上的漆包线以头尾相连的形式连续缠绕，最终形成6个串联的线圈。

而所谓Y接法，即将三相线圈的一端引线连接在一起的接法，其结点称为中性点，如图4所示。

● 制作步骤

无刷发电机的制作，可分为5个步骤：绕线、接线、安装定子基座、安装轴承、安装转子单元。

（1）绕　线

解开漆包线轴上的线头并抻直，用脚踩住线轴，拉紧漆包线，并将漆包线均匀地绕在齿上，如图5（a）所示。绕线的方向为，从铁心侧面看为顺时针。另外，逆时针绕线时，也要保证所有齿的绕线方向相同。绕好的一相如图5（b）所示。

按照这个方法，完成三相的绕线（图6）。

（2）接　线

绕线结束之后，就要进行Y接线。先刮去三相线圈漆包线头部的绝缘层，然后将三相线头捻在一起并进行锡焊，再使用热缩管对焊接位置进行绝缘处理。

接着，刮净三相线圈尾部的绝缘层，分别焊上电源引线，然后缠绕胶布对焊接位置进行绝缘（图7）。

表1　无电刷发电机零部件表

编号	名　称	规　格	数量
1	转子单元	带12块磁体，含轴	1
2	漆包线	$\phi 0.7\text{mm}$	1
3	绝缘骨架	树脂成型品	2
4	定子铁心	厚27mm	1
5	定子基座	金属制品	1
6	轴承	6001ZZ	2
7	C形卡环	STWS12	1
8	内六角螺栓	CBM6×30	3
9	电源引线	AVS5sq，500mm（红、白、黑）	3

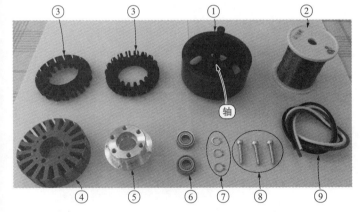

图2　无刷发电机零部件一览（CQ无刷电机和逆变器套件）

图3　定子铁心与齿（18槽）

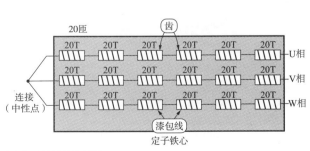

图4　Y接法示意图

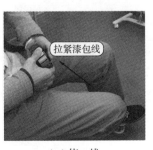

（a）绕　线

（b）绕完一相

图5　定子铁心绕线

（3）安装定子基座

将定子基座嵌入定子铁心，并用 3 个内六角螺栓固定。然后，用扎带将电源引线固定在定子基座的孔位上（图 8）。

（4）安装轴承

将 2 个轴承分别嵌入定子基座两面的轴孔中，并固定住（图 9）。

（5）安装转子单元

将转子单元的轴插入轴承孔，与定子基座组装成一体，如图 10（a）所示。最后，为转子单元的轴装上 C 形卡环，以固定转子单元，如图 10（b）所示。

（6）完成无刷发电机制作

完成上述步骤后，无刷发电机的制作就完成了，如图 11、图 12 所示。

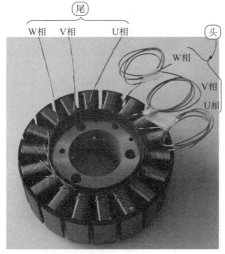

图 6　绕完线的定子铁心

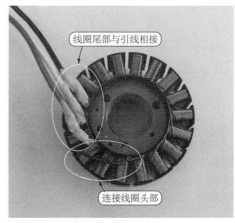

图 7　漆包线线头的加工

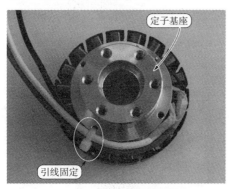

图 8　将定子基座安装到定子铁心上

图 9　将轴承装入定子基座

（a）安装转子单元

（b）安装 C 形卡环

图 10　安装转子单元与 C 形卡环

（a）定子基座侧　　　　（b）转子单元侧

图 11　完成组装的无刷发电机

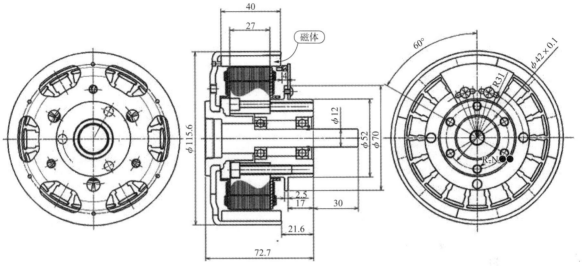

图 12　无刷发电机的成品图

无刷发电机基础实验

接下来，使用制作好的无刷发电机进行基础实验。

具体来讲，就是测量发电机的转速与输出电压、输出电流之间的关系（输出特性）。我们用皮带实现已经准备好的感应电机与本次制作的发电机的传动，通过控制感应电机的转速进行测试。

发电机旋转的动力来源，一般为风车（风力发电）或者水车（水力发电）。由于本实验的目的是掌握发电机的基本特性，所以使用的是感应电机（东方电机 5IK40RA-C，40W）及其专用速度控制器（东方电机 SS22M-SSSD）。

■ 实验电路

● 使用感应电机作为发电机的动力源

实验电路的结构如图 13 所示。发电机的输出端（U 相、V 相、W 相），接桥式二极管和电解电容器构成的整流电路。将整流电路的输出侧接负载电阻后，就可以测量发电机的直流输出特性了。

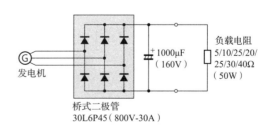

图 13　发电机的基础实验电路

● 系统构成

感应电机和发电机之间采用皮带传动。在控制感应电机的转速的同时控制发电机的转速，测量其与输出电压、电流之间的关系（图14）。在发电机轴的皮带轮上粘贴反光标记，便可通过数字转速仪测量发电机转速。

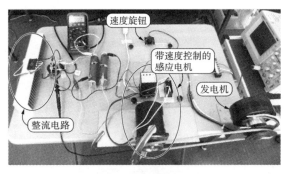

（a）实验场景

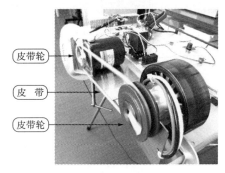

（b）发电机由皮带传动

图14　利用感应电机的发电机实验

■ 发电机输出特性测试

● 交流输出整流后接40Ω负载

在实验电路中，整流电路输出接40Ω负载电阻后，测试结果如图15所示。当转速为600r/min时，发电机输出电压（线间电压）与整流后的电压波形如图16所示。此时，发电机输出电压的频率约为83Hz。

由此可以确认，发电机整流后的输出电压及输出电流与转速成正比。

自行车驱动下的发电机特性测试

● 发电机的负载是变动的

采用风力发电时，发电机转速是不均匀的。为了模拟负载变动，我们利用自行车驱动发电机转子。

将自行车的后轮与发电机的转子部分接触，带动发电机转动时，测量发电机输出特性。分别测量两项，一项是将负载电阻与发电机输出端直接连接时的交流特性；一项是将负载电阻连接到发电机整流器电路时的直流特性。

■ 测量方法

和使用感应电机驱动发电机的实验一样，使用电子转速仪测量发电机转速。

要想掌握发电机的特性，需要分别测量：发电机输出端之间（U、V、W相任意线间）直接接负载电阻

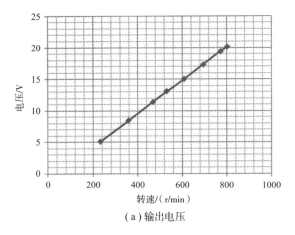

（a）输出电压

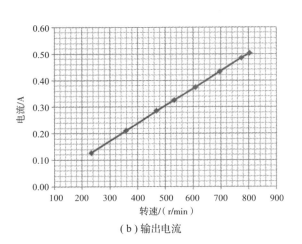

（b）输出电流

图15　转速与输出电压、电流的关系

的（交流）情况下的电压－电流特性与输出功率－电流特性和发电机输出端经整流电路（图13）接负载电阻的（直流）情况下的电压－电流特性与输出功率－电流特性（图17）。

测量需要2人合作，一人边观察自行车的速度表，边蹬自行车，另一人用数字转速仪测量。实施过程中，两个人要互相确认，协作完成。

■ 测量结果

发电机交流特性测量结果如图18所示，直流特性测量结果如图19所示。

无论哪一种特性，都有其共同点——随着发电机转速的增加，电压、电流、输出功率均会随之增大。当转速达到1000r/min时，交流发电可获得50W左右的功率，直流发电可获得80W左右的功率。

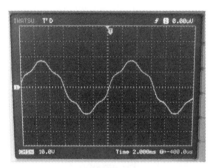

（a）线间电压波形

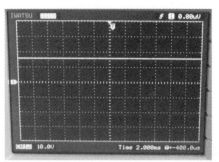

（b）整流电压波形

图16　发电机的线间电压波形与整流后的电压波形（600r/min）

（a）实验场景

（b）转速测量

（c）用后轮驱动发电机

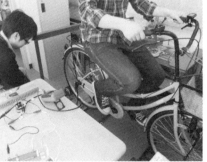

（d）自行车驱动实验

图17　用自动行后轮驱动的发电机输出特性实验

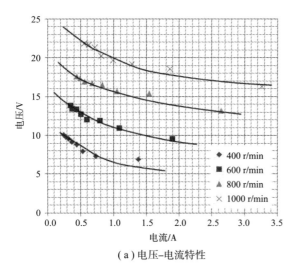

（a）电压-电流特性

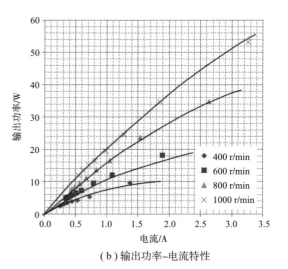

（b）输出功率-电流特性

图 18　发电机的输出特性（交流）

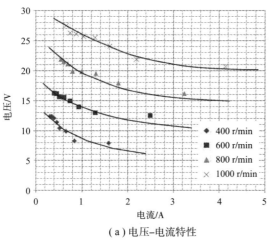

（a）电压-电流特性

图 19　发电机的输出特性（直流）

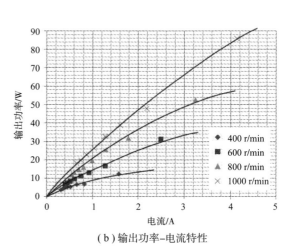

（b）输出功率-电流特性

结束语

　　我们从绕线开始，到最终完成无刷发电机的制作，并分别使用感应电机和自行车驱动进行了发电机输出特性实验。这次绕制的定子线圈的匝数为 20 匝，可以通过增加线圈匝数，增大发电机输出功率。

　　发电机负载越大（负载电流越大），就越难转动起来。在这次的实验中，用 40W 感应电机驱动发电机

就很吃力。因此，我们将发电机与自行车的后轮直接接触来带动发电机高速转动。

　　当然，仅仅如此，发电机输出电压是很不稳定的。实际上，通过这个发电机获得的电能是很难加以利用的，要设计 DC-DC 变换器进行稳压。如果是风力发电，在这方面还需要进一步的智慧。

　　本次制作的无刷发电机，笔者计划将其组装到自行车或小型摩托车上，用于锂离子电池的充电。

驱动电机/控制器的选型

—— 第一次制作 EV 的若干思考

〔日〕宫村智也　执笔 | 罗力铭　译

考虑制作 EV 时，首先要跨越的障碍就是选择使用何种电机作为动力源。用于 EV 的电机，不像模型电机那样容易购买。而且会存在各种各样的疑问：选用什么样（参数）的电机？这个电机能够带动 EV 吗？无论是何种用途，想要使用电机让物体运动起来，首先要深入了解物体的性质。本文以电机驱动的超小型车（卡丁车）为对象，探讨电机/控制器的选型步骤。

（编者按）

EV 电机的分析步骤

● EV 电机选型的基本步骤

首先，对于 EV 电机的选型，笔者将其步骤概括总结成了流程图，如图 1 所示。

（1）确定车辆的基本规格和目标性能

在确定电机规格之前，首先要确定制作什么样的

车辆，要达到什么样的性能。当然，也要初步确定车辆的大小和形状。一部分人直接把现有的燃油汽车改造为 EV，也有一部分人计划参加节能 EV 比赛而专门设计车身。总之，首先要明确车辆的用途和目的。在比赛中跑得更快，还是获得更远的巡航距离，根据目的的不同，选择的电机规格也各异。

（2）计算车辆的行驶阻力

明确了车辆的用途、目的，车辆的大小和形状、质量也就大致确定下来了。车辆的大小、形状、质量决定了车辆是否易于行驶。由此，要将各种因素表示为具体的数值，将是否易于行驶量化。

是否易于行驶表现为行驶阻力，不仅受车辆自身因素（质量和轮胎结构、车身形状等），还受车辆外部因素（路面状况、行驶速度、风等）的影响。除此之外，还有各种其他影响因素，我们把这些因素统称为行驶阻力。

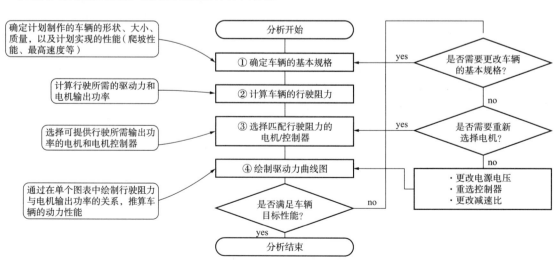

图 1　EV 电机的分析步骤
根据计划制作的 EV 的大致规格与性能选择电机

（a）L6e汽车示例（AIXAM City-S）

项 目	规 格
车辆尺寸 （L×W×H）	2758mm×1500mm×1470mm
车辆质量	350kg
乘车定员	2名
发动机	水冷2缸400cc柴油机 （久保田Z402）
最高输出功率	4kW（3200r/min）
最高速度	45km/h

（b）AIXAM City-S的主要规格
http://www.aixam.co.uk/en/city/city-s

图2 计划制作车辆的示意图
假定为欧洲使用的最轻量级（L6e 类）四轮车。在许多欧盟国家驾驶 L6e 类汽车不需要驾照

（3）电机与控制器的选择

　　行驶阻力被量化之后，我们就可以知道电机输出多大的功率才能满足需求，并以此为线索选择电机。驱动汽车行驶的电机，可以实现从停止状态到最高速度的变速，由此，电机输出功率的范围（最大输出功率）也明确了。输出功率与提供给电机的电流和电压有关。这不是由电机本身决定的，而是由供应并调节电力的电机控制器决定的。也就是说，要在选择电机的同时选择控制器。选择电机与控制器时，要掌握电机的基本性质。

（4）绘制驱动力曲线图，推算车辆性能

　　明确车辆的行驶阻力、电机的输出功率和转速范围之后，就可以绘制出表示车辆最高速度、爬坡性能、加速性能等动力性能的图像。为了理解车辆的动力性能，笔者绘制了驱动力曲线图，可以让车辆的最高速度和爬坡性能变得一目了然，非常方便。

（5）确认推算性能和目标规格的修正

　　绘制好驱动力曲线图之后，要对显示的结果是否满足目标规格等进行确认。经过确认，如果结果满足需求，就可以着手购买相关零部件并开始制作。

● 设计时，反复摸索是必不可少的

　　基于笔者的经验，从车辆的基本规格、目标性能的设定开始，到车辆的性能推算，从未出现一次性满足所有需求的时候，顾此失彼的情况会比较多。因此，就要反复摸索，找到最佳方案。

制作什么样的车辆？

● 考虑欧洲版微型助力车的 EV 转换

　　按照前面的流程，接下来进行具体探讨。

　　之后，我们确定了车辆的基本规格。这里，基于笔者的个人经验，我们考虑制作欧洲最轻量级小型四轮车的电动车版。车辆的大致情况如图2所示。

　　图2所示的车辆，相当于日本微型助力车类的四轮汽车。从外观来看，它与日本的轻型汽车很像，但是根据欧洲的法律，它仍属于两轮车，在车辆质量、最高速度和发动机输出功率等方面都有限制。

　　在很多欧盟国家，驾驶这类四轮车不需要驾照，因此，虽然其价格与普通轿车相当，但还是有一定的市场需求。

车辆的行驶阻力

● 选择适合行驶阻力的电机

　　无论是电机驱动的车辆，还是发动机驱动的车辆，要想达到目标性能（最高速度、爬坡性能、加速性能等），就要掌握车辆的行驶阻力，并选择适合的电机或发动机。

　　行驶阻力受多个因素的影响。

　　从经验上来说，不背东西骑自行车时比背东西骑自行车时快，而且上坡时也不会那么累。背着东西骑自行车时，想要加速，就不得不拼命踩脚踏板。不论多好的自行车，只要停止踩脚踏板，速度就会慢慢下降，最终停下来。另外，当自行车轮胎缺气的时候，就像背着沉重的物体踩脚踏板，感觉脚踏板变沉重了。在强风中逆风行驶时，自行车也很难顺利前进。

　　这是因为，在使行驶中的车辆减速的方向上产生

专栏A 锂离子电池安装在EV的什么位置？

● 三轮与四轮，究竟哪一个的滚动阻力更小？

本文中介绍的滚动阻力 F_r（N），按下式计算：

$$F_r = \mu_r \cdot W_t \cdot g$$

式中，μ_r 为轮胎的滚动阻力系数（N/N）；W_t 为车辆质量（kg）；取重力加速度 $g = 9.8 m/s^2$。

然而，在日本举行的太阳能车比赛、节能行驶比赛中，三轮车的数量要比四轮车多。这是因为很多人认为，"车轮数量越少，滚动阻力越小"。

但是，上式中并没有出现表示车轮数量的值。如果滚动阻力是由车轮变形产生的，那么我们可以认为：车轮数量越多，滚动阻力越大。但是，为什么车轮数量没有作为参数之一出现在计算滚动阻力的公式中？

如果理解了轮胎的滚动阻力系数的计算方法，这个疑问就消除了。图 A 表示的是轮胎滚动阻力系数的计算方法。

● 如何计算滚动阻力系数？

轮胎受到与地面垂直方向上的压力载荷 F_L，计算轮胎滚动阻力系数时，如图 A 所示，让轮胎与模拟地面的辊筒接触。在这种状态下，转动辊筒，轮胎也开始转动。此时，可以测得轮胎产生的与前进方向相反的力 F_R。滚动阻力系数 μ_r，是轮胎转动时产生的与前进方向相反的力 F_R，与轮胎受到的压力载荷 F_L 的比值。

$$\mu_r = \frac{F_R}{F_L}$$

式中，滚动阻力系数 μ_r 的单位为 N/N。

滚动阻力与轮胎承受的压力载荷成正比。轮胎承受的压力载荷就是车辆重量。轮胎的数量越多，则每个轮胎承受的压力载荷越小。但是从车辆整体来看，轮胎数量再多，车辆的滚动阻力都是不变的。也就是说，车辆的滚动阻力与车轮数量无关。

不过尽管如此，车轮数量增加后，轮胎本身的质量以及支撑轮胎的机构的质量就会增加，所使用的轴承数量也会增加，导致摩擦力增大。但是因此，从轮胎产生的阻力这一角度观点来看，"车轮越少滚动阻力越小"是不成立的。

● 乘用车轮胎的 RRC 是什么？

乘用车轮胎的滚动阻力系数用RRC表示，单位为 N/kN——实际中的轮胎压力载荷 F_L 以kN为单位。

RRC值除以1000就得到 μ_r。实际进行车辆滚动阻力计算时，一定要注意滚动阻力系数的单位。

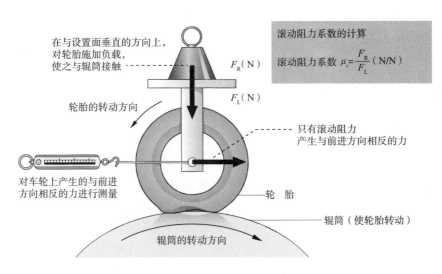

在与设置面垂直的方向上，对轮胎施加负载，使之与辊筒接触

F_R（N）

F_L（N）

轮胎的转动方向

滚动阻力系的计算

滚动阻力系数 $\mu_r = \dfrac{F_R}{F_L}$（N/N）

只有滚动阻力产生与前进方向相反的力

对车轮上产生的与前进方向相反的力进行测量

轮　胎

辊筒（使轮胎转动）

辊筒的转动方向

图 A　计算轮胎滚动阻力系数的方法
将轮胎压在模拟地面的辊筒上，使轮胎转动并测量轮胎上产生的力

各种各样的行驶阻力
① 滚动阻力（路面与轮胎）
② 空气阻力（逆风）
③ 坡道阻力（爬坡）

图3　车辆前进难度 = 行驶阻力
在陆地上移动物体时，受到减速方向上的力很多，这是造成前进困难的原因

了多个作用力（图3）。我们把这些力统称为行驶阻力。行驶阻力会让车辆前进难度增大。

■ 行驶阻力之一：滚动阻力

● 滚动阻力的来源

滚动阻力是指车轮在路面滚动时产生的阻力。火车也有滚动阻力（但非常小）。这里，我们的考察对象是采用充气橡胶轮胎的车辆。

很多有过汽车和自行车驾驶经验的人都经历过爆胎。发生爆胎的瞬间，汽车/自行车轮胎变得很重，速度突然下降，这是滚动阻力变大了。思考一下，为什么爆胎时滚动阻力会变大？

如图4[1]所示，橡胶轮胎与地面接触时，受车辆质量的影响，轮胎凹陷。这时，压迫轮胎的力＞让轮胎恢复原状的力，两者之间的差值就是滚动阻力。爆胎后，让轮胎恢复原状的力变得非常小，滚动阻力增加。

支撑车辆质量的轮胎，以接地面为中心发生变形。同时，随着轮胎的旋转，变形的位置也在移动。随着轮胎变形部位的移动，挤压→恢复原状所消耗的能量，都转化成了热量。

轮胎的转动方向

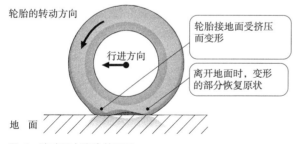

行进方向

轮胎接地面受挤压而变形

离开地面时，变形的部分恢复原状

地　面

图4　滚动阻力产生的原因
轮胎的变形消耗能量

● 滚动阻力的计算

当滚动阻力系数为 μ_r（N/N），车辆质量为 W_t（kg），重力加速度取 $g = 9.8 m/s^2$ 时，滚动阻力 F_r（N）可表示为

$$F_r = \mu_r \cdot W_t \cdot g \qquad （1）$$

滚动阻力系数 μ_r 为轮胎的固有值，是表示轮胎滚动难易程度的系数。由式（1）可知，μ_r 越大，轮胎的滚动就越困难。

● 什么样的轮胎容易滚动？

不同轮胎的滚动阻力系数不同。换言之，轮胎滚动的难易程度不同。最近出现的节能轮胎，它的滚动阻力系数比普通轮胎小，据说可以节省近10%的油耗。而抓地性能良好（不易打滑）的比赛用轮胎的滚动阻力系数反而很大，与普通轮胎相比，其油耗高出10%左右。

再来看自行车轮胎，滚动阻力系数因用途不同而存在差异，公路胎为0.004左右，而山地胎为0.013[2]左右。另外，汽车节能轮胎的滚动阻力系数为0.007 ～ 0.012[3]。太阳能车比赛和节能行驶赛的专用轮胎中，也有低于0.003的。

■ 行驶阻力之二：空气阻力

● 强风、高速时，身体能感受到空气阻力

在空气中移动的交通工具，都会受到空气阻力。这是空气向移动的交通工具的减速方向施加作用力的结果。佛教说"鱼不见水，人不见风"，平时不会意识空气的存在。如果能够很好地利用空气阻力，物体是可以飞起来的。从这一事实来看，也许空气的力量远比我们想象的大得多。

骑自行车的人，应该都有过在大风中逆风骑行时难以前进的经历。风特别大时，自行车根本无法前进，这就是空气阻力较大的状态。行驶加速与逆风前行一样，空气阻力虽然看不见，但可以通过身体感受到。

● 空气阻力的计算

我们将这种看不到的空气阻力表示为 F_a（N），用下式表示：

$$F_a = \frac{1}{2} \rho \cdot C_d \cdot A \cdot V^2 \qquad （2）$$

式中，ρ 为空气密度（kg/m³），1个标准气压下，20℃时的空气密度为 1.205kg/m³；C_d 为空气阻力系数，由车辆的形状决定；A（m²）为正面投影面积，从车辆正

面看到的面积；V（m/s）为车辆速度。

● 空气阻力随车辆正投影面积和形状变化

由式（2）可知，空气阻力与速度的平方成正比。从车辆方面来看，空气阻力系数 C_d 和正投影面积 A 也会影响空气阻力的大小。

多留意汽车的商品目录就会发现，很多汽车厂商都在宣传其汽车的阻力系数很低。又如日本新干线，过去的车头形状像子弹，而最新的新干线的车头形状像鸭嘴兽的嘴巴，这都是减小空气阻力的技术发展的结果。由式（2）可知，车辆空气阻力的大小是 C_d 和正投影面积 A 的乘积决定的，即使 C_d 值很小，如果正投影面积 A 太大，空气阻力也不会变小。

正投影面积 A 可以根据车辆的尺寸计算出来，空气阻力系数 C_d 却是一个很难掌握的值。C_d 是由车辆形状决定的，因此，设计车辆性能的阶段，可以参考类似的交通工具。代表性交通工具的 C_d 和 A 的值见表1。

■ 行驶阻力之三：坡道阻力

● 重力引起的阻力

坡道阻力是车辆爬坡时产生的降低汽车速度方向上的作用力。停放在坡道上的车辆，会受到图5所示的下坡方向的作用力，这个力就是坡道阻力，它取决于车辆重力和坡度。

● 坡道阻力计算

坡道阻力 F_e（N）用下式表示：

$$F_e = g \cdot W_t \cdot \sin\theta \qquad (3)$$

式中，g 为重力加速度，W_t（kg）为车辆质量，θ（rad）为路面坡度。

骑自行车走上坡时，感觉背上了沉重的包袱；当坡度很陡时，自己要不停地踩脚踏板才能勉强前行，

都是这个道理。

另外，由式（3）可知，在平地（坡度为0）时，没有坡道阻力。

■ 行驶阻力之四：加速阻力

● 加速需要力

还有一种行驶阻力，叫做加速阻力。根据牛顿第一定律，惯性行驶（或停止状态）的车辆，是不需要额外施力的。但是，要让车辆加速，就需要力。所谓加速阻力，就是对抗这种惯性状态的力。

也就是说，加速阻力基于牛顿力学方程 $F = ma$，大小与车辆质量和加速度成正比。

严格意义上来说，由于行驶，要将旋转部件（电机转子、轴、齿轮等）的转动惯性换算成车辆的质量（惯性质量），考虑到这个值通常很小，与车辆质量相比可以忽略，所以在初期探讨中不考虑也没关系。

■ 行驶阻力小结

● 行驶阻力 = 滚动阻力 + 空气阻力 + 坡道阻力

匀速行驶时产生的行驶阻力，可以用下式表示。

$$F_t = \mu_r \cdot W_t \cdot g + \frac{1}{2}\rho \cdot C_d \cdot A \cdot V^2 + g \cdot W_t \cdot \sin\theta \qquad (4)$$

计算行驶阻力所需的参数，见表2。

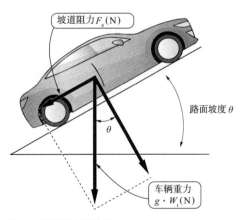

图5　坡道阻力的真相

表1　空气阻力系数 C_d 与正面投影面积 A 的示例

种　类	阻力系数 C_d 由车辆的形状决定	正面投影面积 A/m² 由车辆的尺寸决定	$C_d \cdot A$/m² 空气阻力大小取决于 C_d 与 A 的乘积
自行车（助力车）[1]	0.9	0.38	0.342
太阳能车 [3]	0.101	1.0	0.101
乘用车 [1]	0.25	2.2	0.550
零式战机 [1]	0.106	4.5	0.477

表2　计算行驶阻力时使用的参数一览表

符　号	含　义	单　位	说　明
F_t	行驶阻力	N	妨碍车辆前进的力，车辆前进的力与此相等时，车辆匀速行驶
μ_r	滚动阻力系数	N/N	表示轮胎滚动难易程度系数，因轮胎不同各异
W_t	车辆质量	kg	计算时应该加上乘员体重
C_d	空气阻力系数	无	表示空气阻力大小的系数，取决于车辆形状
A	正投影面积	m²	从车辆正面看到的面积
ρ	空气密度	kg/m³	常数，1个标准气压下20℃空气的密度为1.205kg/m³
g	重力加速度	m/s²	常数，物体自由落体加速度，取9.8m/s²
V	车辆速度	m/s	以每秒的速度计算
θ	路面坡度	rad	车辆行驶时，路面的坡度

> 决定轮胎滚动难易程度
>
> 决定空气阻力大小

计算让车辆行驶的力

● 根据行驶阻力可知让车辆行驶所需的力

通过表2所示的车辆规格，可以得知车辆在任意角度、以任意速度行驶所需的力。

本文以在欧洲实际使用的图2所示的限乘2人的四轮车为研究对象的，其规格见表3。

● 以车速为横轴的行驶阻力曲线

将表3中的各个参数代入式（4），不同坡度的计算结果如图6所示。如果车辆驱动轮产生的力，等于以任意速度、任意坡度行驶时产生的行驶阻力，车辆就可以匀速向前行驶。

● 驱动轮抓地，产生了使车辆前进的驱动力

如图7所示，驱动轮抓地的力就是驱动力。

当驱动轮半径为 r_w（m），驱动轮转矩为 T_d（N·m）时，驱动力 F_d 可用下式表示：

$$F_d = \frac{T_d}{r_w} \qquad (5)$$

表3　计划制作车辆的基本规格

项　目	值	说　明
车辆质量	350kg	
乘员质量	110kg	55kg × 2 人
车辆总质量	460kg	车辆质量与乘员质量之和，是计算行驶阻力使用的质量。
滚动阻力系数 μ_r	0.01N/N	
正面投影面积 A	2.2m²	
空气阻力系数 C_d	0.34	

当式（4）表示的行驶阻力和式（5）表示的驱动力 F_d 相等时，车辆匀速前进。图6所示的行驶阻力，是计算任意车速、任意坡度行驶时，电机等提供原动力的机械装置产生转矩的关键信息。

● 计算所需的电机输出功率

到目前为止，我们着眼于让车辆行驶所需的力，考虑行驶阻力和驱动力。在实际制作电动汽车的过程中，比起根据行驶所需的力和转矩来选择电机，根据原动机所需的输出功率来选择电机会更方便。

式（4）表示的行驶阻力，表示的是使车辆减速方向上的作用力。让车辆匀速前进，就是让车辆持续以速度 V（m/s）和与行驶阻力相同的驱动力 F_d 行驶。力与速度的乘积就是功率，即原动机所需的输出功率 P（W）。

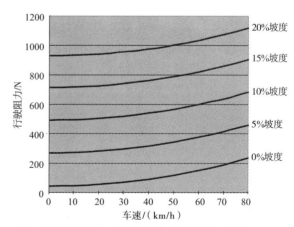

图6　根据表3中的参数计算得到的行驶阻力曲线
横轴为车速，纵轴为不同坡度下的行驶阻力

由此可知，车辆行驶时所需的原动机输出功率 P（W）可以表示为

$$P = V \cdot F_t$$
$$= V\left(\mu_r \cdot W_t \cdot g + \rho \frac{1}{2} \cdot C_d \cdot A \cdot V^2 + g \cdot W_t \sin\theta\right) \quad (6)$$
$$= \mu_r \cdot W_t \cdot g \cdot V + \rho \frac{1}{2} \cdot C_d \cdot A \cdot V^3 + g \cdot W_t \sin\theta \cdot V$$

将表 3 中的车辆参数代入式（6），车辆以任意车速、任意坡度匀速行驶时，要求原动机提供的输出功率如图 8 所示。

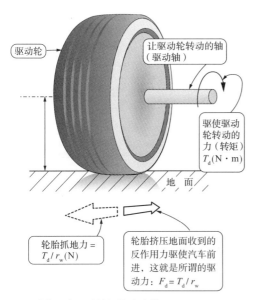

图 7　驱动力是由驱动轮抓地产生的
根据驱使驱动轮转动的力（转矩）与驱动轮半径，可以计算出驱动力

日本《超小型机动车认证制度》规定，超小型机动车的额定输出功率不得超过 8kW。由图 8 可知，以 8kW 的输出功率，当车辆通过 20% 坡度的坡道时，速度接近 30km/h。在平地上行驶时，其最高速度可以超过 60km/h。

电机规格与车辆的动力性能

● 从市售品中选择与车辆匹配的电机

通过网络购物平台，可以买到输出功率相对较大的直流无刷电机。根据表 3 中的参数，用市售的 EV 无刷电机将小型四轮车改造为 EV，会得到什么样的性能呢？

笔者通过美国 Kelly Controls 网站（http://kellycontroller.com/），选择与表 3 中设定的小型 EV 相匹配的直流无刷电机和电机控制器，并对其动力性能进行了估算。根据不同的输出功率和种类，Kelly Controls 公司销售的电机和控制器分为很多不同的种类，它们适用于 EV 微型车，也适用于 EV 方程式赛车。

● 首先确定目标电机

在图 8 中，我们分析了行驶所需的电机输出功率。从分析结果来看，假设电动汽车配备 4 ~ 15kW 的电机，则与欧洲 L6e 类、L7e 类机动车相当，还能获得足够的动力性能。

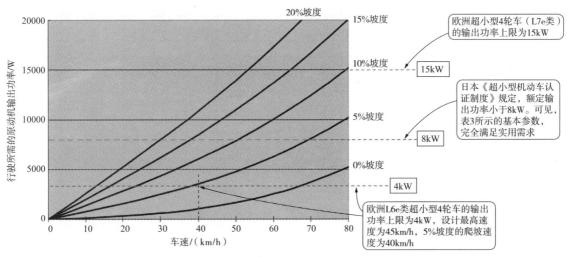

图 8　计算行驶所需的原动机输出功率
根据表 3 中的车辆参数和式（6），可计算出以任意坡度匀速行驶所需的输出功率

通过在 Kelly Controls 网站上寻找 4 ~ 15kW 的电机，笔者最终选择了图 9 所示的 Motenergy 公司生产的 ME0913 型直流无刷电机。ME0913 的规格见表 4。

● 提供的性能曲线还不够

由厂商提供的图 9 所示的直流无刷电机（ME0913）的性能曲线，如图 10 所示，横轴为转矩，纵轴表示转速和电机电流等多个参数。

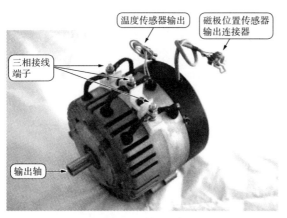

图 9　市售 EV 无刷电机示例 [5]
ME0913，美国 Motenergy 公司生产，可通过 Kelly Controls 网站购买

这样的特性图，不仅车辆用的电机上有，很多电机的商品说明中也有。普通工业电机的转速是一定的，或是转速变化范围很小，这时使用特性图很方便。但是对于车辆的电机，由于电机转速的变化范围太大，该特性图并不适用。究其原因，如图 11 所示。图 11 是将图 10 中的横轴换成转速，纵轴换成转矩后形成的关系图。

根据表 4，该电机的最高转速可达 5000r/min，但是图 11 提供的数据仅为电机转速范围的 10% 左右。选择 EV 电机时，电机要能够满足零转速到最高转速的所有转矩特性。由于没有办法，所以只能通过有限的数据，对确定 EV 规格所需的数据进行推算。

表 4　ME0913 的规格 [5]

项　目	参　数
质　量	16kg
设计电压	96V
最大连续输出功率	12kW
推荐最高转速	5000r/min
连续工作额定电流	125A
1min 内额定电流	420A

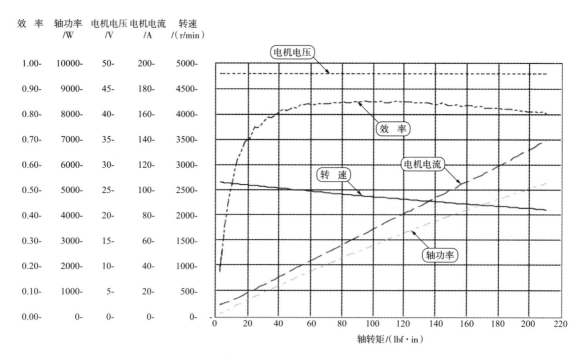

图 10　厂商提供的 ME0913 型电机性能曲线 [5]
图示的性能图表常被用在产品说明中

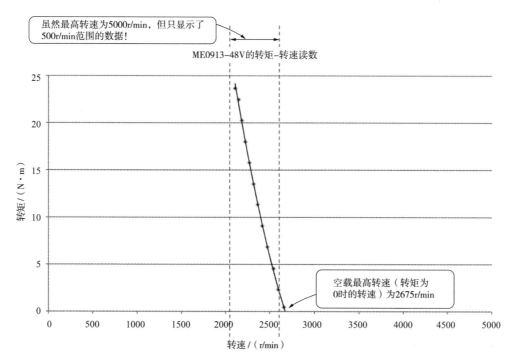

虽然最高转速为5000r/min，但只显示了500r/min范围的数据！

ME0913-48V的转矩-转速读数

空载最高转速（转矩为0时的转速）为2675r/min

图 11　厂商提供性能图表只显示了部分性能
图 10 所示的转速－转矩图表中，可读取的转速范围数据也只是很少的一部分

电机性能推算的基础知识

为了在较大转速范围内推算转矩特性，首先要了解直流无刷电机的相关知识。接下来，笔者以图 12 所示的无刷电机的等效电路[3]为例，对相关知识要点进行讲解。

● 等效电路

图 12 中，V_{bat}、I_{bat} 分别表示电源（电池）的电压和电流，V_{mot} 为逆变器的输出电压，I_{mot} 表示电机的电流，L_{mot} 是电机线圈的电感，R_{mot} 是电机的直流电阻，V_{emf} 是转子转动产生的感应电压。为了便于理解，我们假设逆变器将直流转换为交流时的损耗为零。

在直流无刷电机中，电机电流与感应电压 V_{emf} 同相时产生最大转矩。因此，我们让等效电路中的 I_{mot} 与 V_{emf} 一直处于同相状态，运行时 V_{mot} 不会超过 V_{bat}。

● 转矩常数与感应电压常数

电机的机械输出功率 P_{out}（W）可以表示为

$$P_{out} = V_{emf} \cdot I_{mot} \tag{7}$$

电机感应电压与电机电流的乘积，就等于电机的机械输出功率。V_{emf} 为电机转子旋转时，转子永磁体产生的磁通作用在定子线圈上产生的电压（弗莱明右手定则）。V_{emf} 的振幅与转子的角速度 ω 成正比。V_{emf} 与 ω 之比为常数 K。V_{emf}（V）可表示为

$$V_{emf} = \omega \cdot K \tag{8}$$

式中，K 为电机的固有值，叫做感应电压常数或反电动势常数，单位为 V/（rad/s）。

将图 12 所示的等效电路代入到式（8），当转子的角速度增加，V_{emf} 与 V_{bat} 相等时，$I_{mot} = 0$（A）。根据式（7）可知，电机的机械输出功率为零。当 $V_{emf} = V_{bat}$ 时，转子的角速度（转速）为电机空载最高转速。由此，当电源电压为 V_{bat}（V），空载最高转速为 N_{max}（r/min）时，感应电压常数 K 可以按下式计算。

$$K = \frac{V_{bat}}{N_{max} \cdot \frac{2\pi}{60}} \tag{9}$$

感应电压常数 K 可以通过厂商提供的图 13 所示的

图表获得或实际测量得知。实际中，电机存在等效电路中没有的损耗（转子轴承产生的摩擦损耗和转子的空气阻力引起的风损等）。因此，实际的空载最高转速与通过等效电路分析出的空载最高转速存在些许差异。但是，通过这种方式可以大致分析电机输出功率。

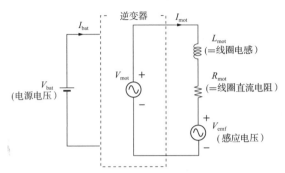

图 12　用于推算输出功率的直流无刷电机简易等效电路
使用方波通电时，电机等同于永磁直流有刷电机（因为总是有任意两相通电）

● **感应电压常数也可视为转矩常数**

换一个角度来看，感应电压常数 K 也可以是表示电机转矩的指标。一般情况下，旋转机械的输出功率 P_m 可以表示为转子的角速度 ω（rad/s）与输出转矩 T（N · m）的乘积。

$$P_m = \omega \cdot T \qquad (10)$$

与式（8）和式（9）合并后可得：

$$\omega \cdot T = \omega K \cdot I_{mot}$$
$$T = K \cdot I_{mot} \qquad (11)$$

通过式（11）可得：

$$K = \frac{T}{I_{mot}} \qquad (12)$$

由式（11）可知，电机转矩与电机电流 I_{mot} 成正比，K 为它们的比例常数。这里的 K，即刚才提到的感应电压常数。换个角度来看，可以表示电机电流的平均输出转矩，即转矩常数。将 K 作为转矩常数使用时，由式（12）可知，其单位为 N · m/A。

无论是感应电压常数，还是转矩常数，K 对于永磁电机都是一个非常重要的常数。它是输出功率检测和必要电机电流计算的强力武器。

● **以 K 为焦点，归纳直流无刷电机的性质**

围绕电机固有常数 K，对电机特性进行归纳，主要有以下几点（图 13）。

① 将 K 作为感应电压常数时，如图 13（a）所示，电机的空载最高转速与电源电压成正比→电机可用的电源电压范围变窄。

② 将 K 作为转矩常数时，如图 13（b）所示，电机转矩与电机电流成正比→可以在任意工作点计算必要的电机电流。

①是在不同的电源电压基础上，把握电机运行范围时所用的重要性质。②是对电机使用的电机控制器的电流容量进行估算的重要性质。

电机输出功率范围的推算

接下来，我们利用图 13 所示的直流无刷电机的性质，对图 9 所示电机（ME0913）的输出功率范围进行简单计算。

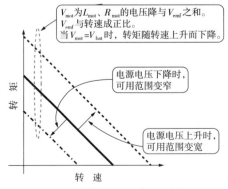

（a）K被视为感应电压常数时的特性

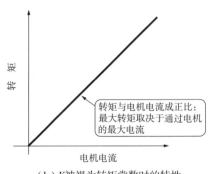

（b）K被视为转矩常数时的特性

图 13　直流无刷电机的基本特性
要点：电源电压决定转速范围，转矩与电机电流成正比

● **步骤 1：计算转矩的电压极限**

利用图 13 所示的性质，对电源电压极限的转矩进行计算。转矩的电压极限为，当与电源电压相同的电压施加在电机上时，任意转速下输出的最大转矩值。

通过观察图 10 所示的电机电压数据可知，无论转矩如何变化，电机电压不变。这个图表示的是电机电压为 48V 时的电压极限。因此，如果不考虑逆变器换流引起的电压降，以电源电压 48V 进行方波通电时的 PWM 占空比为 100%。也就是说，图 10 可以解释为逆变器仅进行换流时的数据。在图 10 的基础上进行转换后，得到的图 11 为电源电压 48V 的电压极限下的转矩特性。

从表 4 可知，该电机的设计电压为 96V，因此可以计算出 96V 时的转矩电压极限。

根据图 13（a）所示的性质可知，48V 电压极限在 96V 时，曲线向高转速方向偏移。从图 11 中可以看出，48V 空载最高转速为 2675r/min。由式（8）可知，96V 时的空载最高转速为 5350 r/min，是 48V 时的 2 倍。由此可知，如图 14 所示，将表示 48V 电压极限的线向上平移与空载最高转速相等的数值，就变成了 96V 电压极限。

● **步骤 2：计算转矩的电流极限**

理论上讲，只要不限制通过电机的电流最大值，就可以通过图 14 计算出目标转矩。但是实际上，受电机温升以及电机控制器的电流容量的限制，可以通过电机的最大电流值是受限的。

根据表 4 显示的电机连续工作额定电流与 1min 内额定电流，可以计算出电机电流产生的转矩。

计算 ME0913 的 K 值。根据电源电压 V_{bat} 与空载最高转速 N_{max} 计算 K 时，要使用式（9）。

$$K = \frac{V_{bat}}{N_{max} \cdot \frac{2\pi}{60}} \tag{9}$$

由图 10 可知，当 $V_{bat} = 48V$，$N_{max} = 2675$r/min 时，

$$K = \frac{48}{2675 \times \frac{2\pi}{60}}$$

$$= 0.171$$

将表 4 中的 1min 内额定电流（420A）作为电流极限时，通过式（11）可知，

$$T = K \cdot I_{mot}$$

$$= 0.171\text{N} \cdot \text{m/A} \times 420\text{A}$$

$$= 71.8\text{N} \cdot \text{m}$$

将计算结果表示为图 15 所示的与横轴平行的直线，就可以计算出电机运行范围。

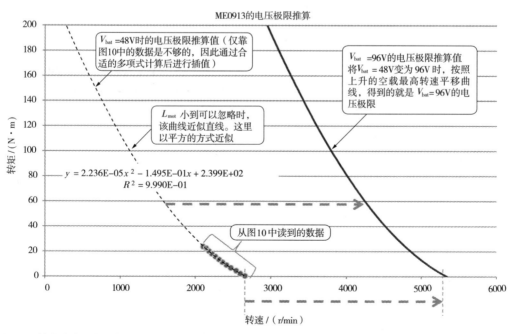

图 14　简单地求取电源电压为 96V 时的电压极限
将 48V 时的电压极限曲线平移，得到 96V 时的电压极限

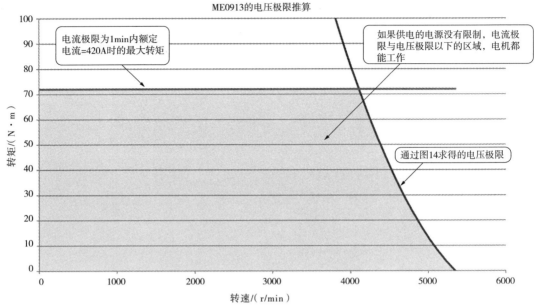

ME0913的电压极限推算

电流极限为1min内额定电流=420A时的最大转矩

如果供电的电源没有限制，电流极限与电压极限以下的区域，电机都能工作

通过图14求得的电压极限

转矩/（N·m）

转速/（r/min）

图15　在图中增加转矩的电流极限后可知电机的工作范围
电流极限曲线、电压极限曲线与坐标轴形成的区域为电机工作范围

● 步骤3：在图中添加等输出功率线

这样绘制的图中，纵轴表示转矩，横轴表示任意转速下可输出转矩的上限。由于可以直接从纵轴得出转矩，将其用于车辆驱动力估算再方便不过。但是，根据这个图我们无法得出输出功率。为此，在该图中增加一条等输出功率线，然后进行电机输出功率的分析。

以电机为代表的旋转机械输出功率 P（W）可用式（4）表示。用转速 N（r/min）表示角速度 ω，则式（4）变为

$$P = \omega \cdot T$$
$$= N \cdot T \cdot \frac{2\pi}{60} \qquad (13)$$

利用式（13）求解转矩 T，得到

$$K = \frac{P}{N} \cdot \frac{60}{2\pi} \qquad (14)$$

通过式（14）可以计算任意转速、任意输出功率时的转矩。根据表4中的参数可知，该电机的连续输出功率为12kW。计算出 12kW 的等输出功率线，并将其添加到图15中，结果如图16所示。

图16是添加了 12kW 等输出功率线之后的图，可分为连续工作区域、间歇工作区域和短时工作区域。

很多时候，电机的运转时间是由电机温升决定的，同时也是由电机电流决定的。因此，在不超过连续额定电流（ME0913为125A）的情况下，可以放心地让电机连续运转。电机电流不超过连续额定电流的区域，均为电机连续工作区域。

根据表4显示的参数可知，该电机的最大输出功率为12kW。连续工作时，可以维持 12kW 输出功率的转速为 4800r/min。这样，电机工作范围就非常小了。这一点，我们通过图16也可以想象得到。

EV 性能的推断

● 通过驱动力曲线推断 EV 性能

至此，我们对车辆行驶所需的驱动力与电机的输出功率范围进行了估算。将这两者在同一个图像中表示，就是驱动力曲线图。根据驱动力曲线，我们可以比较容易地掌握接下来制作的车辆的动力性能。

● 步骤1：确定驱动力的最大值

我们首先要确定驱动车辆前进的驱动力的最大值。这里，我们希望制作的汽车可以在一般道路上行驶。因此，我们以爬坡性能为着眼点，确定了驱动力的最大值。

考虑到车辆在坡度为 20% 的道路上行驶时的情况，根据图4可知，在坡度为 20% 的坡道上，车辆由停止状态起步时，需要的驱动力约为 930N。

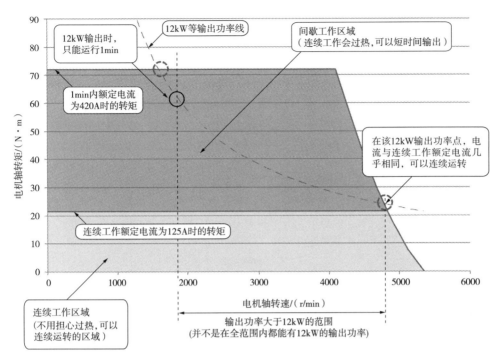

图16　增加等输出功率线，把握输出功率范围
通过增加额定输出功率线，区分连续工作区域和间歇工作区域

当产生的驱动力大于930N时，车辆可以驶过坡度为20%的坡道。因此，我们将车辆的驱动力的最大值确定为1000N。

● **步骤2：根据施加在驱动轮上的转矩计算减速比**

如图7所示，驱动力是由驱动轮抓地产生的。因此，我们先计算产生1000N驱动力所需的驱动转矩 T_d（N）。计算 T_d 时，要将式（5）进行变形。

$$F_d = \frac{T_d}{r_w}$$
$$T_d = F_d \cdot r_w \tag{15}$$

为了计算产生必要驱动力的转矩，还要得到驱动轮的半径 r_w。这里使用的是轻型车的轮胎，轮胎规格见表5。

由表5可知，驱动轮的半径 $r_w = 0.281m$，将目标驱动力 $F_d = 1000N$ 代入式（15），可计算出需要施加在驱动轮上的转矩 F_d：

$$
\begin{aligned}
T_d &= F_d \cdot r_w \\
&= 1000 \times 0.281 \\
&= 281 （N \cdot m）
\end{aligned}
$$

● **步骤3：计算减速比**

通过上述分析可知，电机需要产生的最大转矩

表5　计划制作的车辆的轮胎规格

项　目	值
轮胎尺寸	145/80R13
轮胎外经 /m	0.562
轮胎半径 /m	0.281
轮胎周长 /m	1.766

T_{mot_max} 为 71.8N·m。但是，为了获得足够的爬坡驱动力，施加在驱动轮上的转矩必须达到281N·m。因此，要通过适当的减速机构降低电机轴的转速，以获得必要的驱动转矩 T_d。使用了减速器的电机轴转矩 T_{mot} 与驱动转矩 T_d 的关系如图17所示。

电机轴转矩的最大值 T_{mot_max} 为根据图13得知的71.8N·m时，减速比 g_r 为

$$
\begin{aligned}
g_r &= \frac{T_d}{T_{mot\_max}} \\
&= \frac{281}{71.8} \\
&= 3.914
\end{aligned}
$$

图17所示的电机轴与驱动轴之间的减速比为3.917时，可以获得1000N的驱动力。

● **步骤4：将电机转矩特性换算成驱动力**

图16是电机输出轴的转速 - 转矩特性图。将转速

和转矩换算成车辆速度与驱动力，并与行驶阻力曲线图合并，就能把握车辆最高速度和爬坡性能。这样图就是动力曲线图。

假设电机转速为 N_{mot}（r/min），则车速

$$V = \frac{2\pi \cdot r_w \cdot N_{mot}}{g_r} \times \frac{60}{1000} \qquad (16)$$

电机转矩 T_{mot}（N·m）换算成驱动力，则为

$$F_d = \frac{g_r \cdot T_{mot}}{r_w} \qquad (17)$$

通过式（16）和式（17），将图16中的数据换算成车速 V 与驱动力 T_d，再与图4进行合并，得到的结果如图18所示。

驱动力曲线图的作用

● 车辆动力性能一目了然

通过制作完成的驱动力曲线图，可以一目了然地掌握车辆的动力性能。找到驱动力与行驶阻力的交点，就可以得知任意坡度下的最高速度。另外，任意速度下的行驶阻力与驱动力的差叫做剩余驱动力——施加在车辆上，让车辆加速的力。因此，剩余驱动力越大，车辆加速性能越好。剩余驱动力为 F_r（N），车辆质量为 W_t（kg）时，车辆的加速度 a（m/s²）为

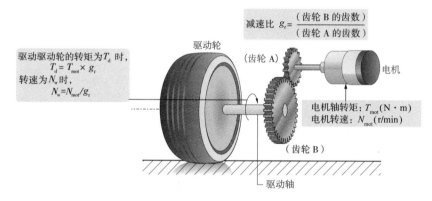

图 17　电机轴转矩与驱动轮转矩的关系
电机轴的转动通常是通过减速机构减速后传递到驱动轮的，驱动轮端表现为转矩增大、转速减小

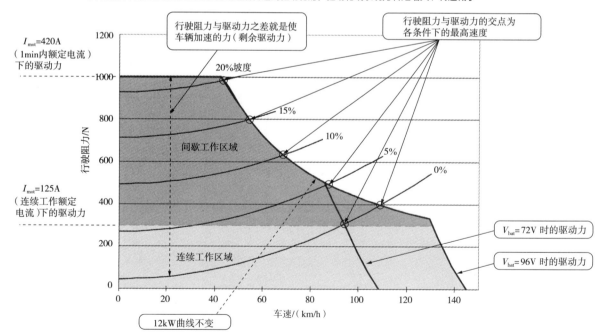

图 18　驱动力曲线图的绘制
将电机特性换算为驱动力，并与行驶阻力曲线图合并

110

$$a = \frac{F_r}{W_t} \qquad (18)$$

通过式（18）计算出来的结果是一个大概值，因为其没有考虑旋转部件的转动惯量。一般情况下，对于车辆整体质量，零部件转动惯量的影响很小，进行车辆规格分析时，使用式（18）就可以了。

● **通过驱动力曲线图确定高压电气设备的规格**

本文以 V_{bat} = 96V 的电机特性为例进行分析。如图 15 所示，当 V_{bat} =96V 时，车辆在平地的最高速度为 110km/h 左右。这对我们计划制作的车辆来说似乎太高了。因此，我们在图 15 中增加了 V_{bat} =72V 的曲线。

当 V_{bat} =72V 时，车辆在平地的最高速度也可以超过 90km/h。从车辆的使用方面来看，也一样属于超速。另外，车辆的使用环境中几乎没有很陡的坡道。这样，可能需要减小电机电流的最大值做进一步分析。

电源电压与电机电流的最大值决定了电机控制器的规格。灵活运用驱动力曲线图，有助于选择最适合的零部件。

● **通过驱动力曲线图可以选择合适的控制器**

如果已经确定了将要制作的 EV 的电机，就可以通过驱动力曲线图推算电机需要的电源电压和电机电流，进而可根据推算结果选择满足电机电压、电流的电机控制器。

（1）从明确标示输出电流容量的产品中选择

从适用于电动自行车的小型控制器，到用于普通乘用车上的大型控制器，虽然种类繁多，但都可以网购买到。

选择直流无刷电机控制器时，最好选择明确标示了输出电流容量的控制器。因为控制器的输入电流（电池电流）与输出电流（电机电流）是绝对不相等的。

其中的缘由如图 19 所示。

直流无刷电机的端电压取决于电机电流与电机转速。为何与电机转速相关呢？由式（2）可知，转子转动时，电机会产生感应电压 V_{emf}。因此，电机转速是影响电机端电压的关键因素。

电机控制器是一种功率变换器，电机转速越低，当电机端子电压<电池电压时，电机电流>电池电流。这与降压型 DC–DC 变换器使负载电流大于电源电流的原理是一样的。

（2）电机电流比电池电流大

具体来说，电池电流 = 电机电流仅出现在图 14 中电机工作于电压极限的情况下，也就是 PWM 占空比为 100% 的时候。除此以外，电机总是工作在电池电压>电机端电压的情况下。因此，几乎任何时候都是电池电流<电机电流。

网购的直流无刷电机控制器都标示了电流，但很多时候都未明确指出标示的电流究竟是输出电流，还是输入电流。直流无刷电机控制器几乎都是由六管三相逆变器构成的，这样的话，可以认为标示的电流是输出电流。进行电机控制器选型时，最好还是选择明确标示了输出电流（电机电流）的。

Kelly Controls 公司生产的控制器不仅明确标示了输出电流，还可以分别调整输入电流和输出电流的极限值，这样的控制器用起来就比较放心。图 20 为 Kelly Controls 公司生产的控制器，适用于本文分析的车辆的候选产品见表 6。

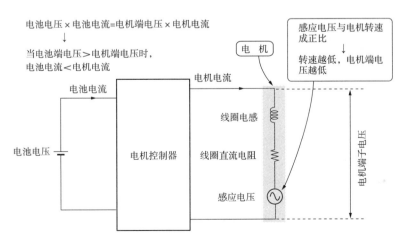

图 19 电池电流<电机电流的原因
电机端电压受感应电压的影响很大

（a）KBS系列（电动自行车）　　　　　（b）KBL系列（中小型汽车）　　　　　（c）KHB系列（中大型汽车）

图 20　直流无刷电机用控制器示例 [6]

美国 Kelly Controls 公司生产，既有小容量的，也有大容量的

表 6　Kelly Controls 公司生产的 KHB 系列电机控制器 [6]

在电源电压 24 ~ 114V，输出电流 150 ~ 1000A 的范围内选择

型　号	最大输出电流 （1min 内额定电流）	最大输出电流 （连续工作额定电流）	电源电压	再生功能
KHB12201	200A	100A	24 ~ 120V	
KHB14201	200A	100A	24 ~ 144V	
KHB14601	600A	250A	24 ~ 144V	
KHB12101	1000A	500A	24 ~ 120V	
KHB12801	800A	400A	24 ~ 120V	
KHB14601	600A	250A	24 ~ 144V	
KHB12601	600A	300A	24 ~ 120V	
KHB14301	300A	150A	24 ~ 144V	有
KHB14401	400A	200A	24 ~ 144V	
KHB72101	1000A	500A	24 ~ 72V	
KHB72701	700A	350A	24 ~ 72V	
KHB12251	250A	125A	24 ~ 120V	
KHB12301	300A	150A	24 ~ 120V	
KHB12401	400A	200A	24 ~ 120V	
KHB72601	600A	300A	24 ~ 72V	
KHB12151	150A	75A	24 ~ 120V	

结束语

适用于本文研究对象——欧洲版微型助力车的电机控制器为 KHB14601。根据图 15 所示的驱动力曲线图可知，我们需要的当 V_{bat} = 96V 时能够提供 420A 以上电机电流的产品。查表 4 可知，它就是 KHB14601。

笔者认为，本文内容可用于很多方面，包括对已有的直流无刷电机控制器进行改进。将轻型汽车改造为 EV 时，使用 Kelly Controls 公司生产的电机和控制器非常方便。实际上，它们在 EV 改装、学生方程式 EV 制作、电动摩托车中得到了广泛应用。

参考文献

［1］由良拓也，宫森茂喜；より走行性能を上げるための四つのポイント，特集：手作り電気自動車＆バイクの世界，『トランジスタ技術』2011 年 8 月号，CQ 出版社.

［2］John S. Lamancusa：Bicycle Power Calculator，Penn State University. http://www.mne.psu.edu/simpson/courses/me240/bikecalc1.htm

［3］日本タイヤ工業会 Web サイト，『ラベリング（表示方法）制度について』，一般社団法人日本タイヤ工業会. http://www.jatma.or.jp/labeling/outline.html

［4］北川雅史，中村忠能，春松正敏，桜庭俊典，砂田悟；ソーラーカー 新型「ドリーム」の紹介，HONDA R & D Technical Review，Vol.10，1998 年，株式会社本田技術研究所.

［5］ME0913 PMAC Motor，Motenergy, Inc. Web サイ .http://www.motenergy.com/me0913.html

［6］Kelly Controls LLC Web サイト .http://kellycontroller.com/

［7］宫村智也，浅井伸治；『加速スイッチ ON！電気自動車の製作』，2015 年，CQ 出版社.

笔者介绍　　　　　　　　　　**宫村智也**

太阳能车队 PROMINENCE 队长

　　1995 年，在工作之余创立了太阳能汽车车队 PROMINENCE。此后，每年都参加在日本举行的各种大赛，主要成绩：2006 年四国 EV 拉力赛冠军，2008 年、2009 年太阳能摩托车赛浜松总冠军，2009 年、2012 年世界太阳能车拉力赛冠军等。

　　2014 年，凭借个人 EV 制作获得 "National Energy Globe Award"（奥地利）。著有《加速开关 ON！电动汽车的制作》（CQ 出版社）。

改变 EV 控制器的电流限制 实现不同需求的乘车舒适度

〔日〕宫村智也 执笔｜罗力铭 译

● 改变控制器的输入输出电流限制值

Kelly Controls 公司的电机控制器如图 1 所示，其输入电流与输出电流的最大值可分别进行调节。

从结论来看，通过改变控制器的输入电流与输出电流的最大值，可得到第 110 页图 18 所示的驱动力曲线图的状态。也就是说，通过设定控制器的输入电流与输出电流的最大值，可满足不同车辆的不同需求。为了让大家更好地理解，笔者对其进行简要说明。

● 通过设定输入电流改变电机的最大输出功率

控制器的输入电流如图 1 所示，显而易见，与电池电流一致。假设电池电压恒定，则控制器的输入功率与其输入电流成正比。

控制器起到功率变换的作用，减去其在变换过程中的损耗，输入功率的大部分均会传输到电机。由于这部分损耗与控制器的输入输出功率相比几乎可以忽略不计，所以可以认为输入功率 ≈ 输出功率。因此，供给到电机的功率取决于电池电流。通过调整控制器的输入电流，可以设定电机的最大输出功率。

图 2 表示的是改变控制器输入电流时的电机转矩特性变化。

● 电机最大输出的设定

虽说可以设定控制器的最大输出功率，但也要受硬件条件与电池规格的限制。通过改变控制器的输入电流上限，可在一定程度上调整车辆行驶过程中的加速力。这部分的加速性能良好，超车等情况下的加速效果就更好，但同时功耗也会随之增大。

若能调整得当，则既可保证其加速力，又能抑制行驶中的功耗。

● 设定输出电流，改变电机最大转矩

改变控制器的输出电流上限，便可得到图 3 所示的电机最大转矩。

当然，控制器的输出电流与图 1 所示的电机电流一致。在永磁电机中，由于电机电流与电机转矩存在一定的比例关系，改变控制器的输出电流上限时，电机转矩最大值会发生变化。

电机的最大转矩会影响到车辆起停状态下的加速性能与最大爬坡力。最大转矩越大，性能越好，同时功耗就越大，电机散热也就越大。可根据不同需求，适当调整车辆的动力性能、续航距离以及电机散热之间的平衡。

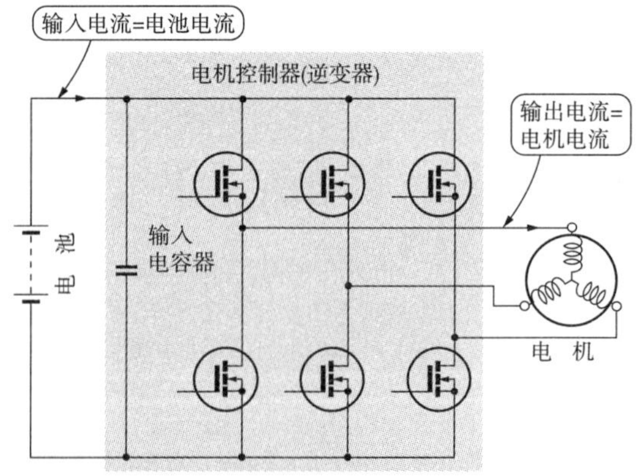

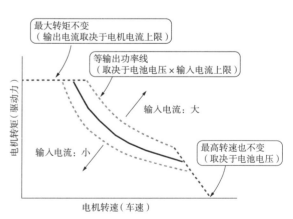

图 1 电机控制器的输入输出电流
输入电流 = 电池电流，输出电流 = 电机电流

图 2 控制器的输入电流决定电机最大输出功率
当改变电机输入电流限制时，可得到最大输出功率（等输出功率线）

● Kelly Controls 控制器可以调节电流限制值

　　如前所述，市面上大部分的电机控制器的电流值都是固定的，但 Kelly Controls 生产的电机控制器可根据需要任意设定输入电流、输出电流的上限值。将厂商提供的控制器设定软件（可从厂商官网下载）安装于 PC 上，然后如图 4 所示，连接 PC 与电机控制器。

　　接通电机控制器的控制系统电源，然后启动安装在 PC 上的设定软件，便会弹出图 5 所示的控制器设定画面，可调整设定值，启用 / 禁用各种功能。

● 输出电流与输入电流最大值的设定方法

（1）输出电流的设定方法

　　如图 5 所示，设定值的单位为百分比。它是控制

器规格决定的，以 1min 内额定输出电流为基准。正如图 4 所示，KBL72301 的 1min 内额定输出电流为 300A。如想将输出电流的上限设定为 150A，那就将输出电流限制调到 50%。

（2）输入电流的设定方法

　　输入电流的设定值取决于输出电流设定值。以 KBL72301 为例，将输出电流设定为 150A 时，若想将输入电流上限设定为 75A，则需将输入电流限制调到 50%。输入电流设定值受输出电流设定值的影响，这点务必注意。

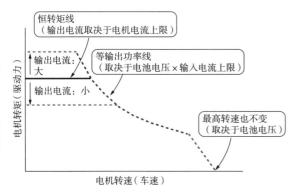

图 3　控制器的输出电流决定了电机最大转矩
改变电机输出电流限制时，可得到最大电机转矩（恒转矩线）

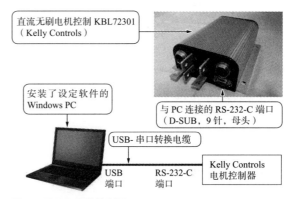

图 4　用 PC 设定控制器
控制器的通信端口为 RS232C，使用 USB- 串口转换电缆连接

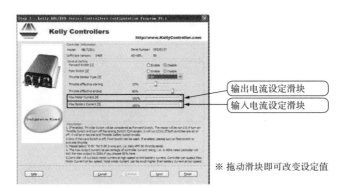

图 5　控制器设定画面
以 KBL 系列直流无刷电机控制器为例

机械零件与表面处理

—— 提高可靠性和耐久性的必备知识

〔日〕水岛徹 执笔 | 罗力铭 译

本文前半部分介绍的机械零件中，最具代表性的是螺钉和螺栓。当然，也包括螺母和轴承等。后半部分介绍表面处理，通常是针对结构材料和机械零件（主要是金属制品）的，其目的和方法也多种多样。

（编者按）

螺栓与螺钉

什么是螺栓，什么是螺钉？不同的人，分类方法也不同。

以结构设计的观点来看，在传递荷载时使用的是螺栓（Bolt），除此以外的都是螺钉（Screw）。

■ 六角螺栓

最常见的螺栓是六角螺栓和内六角螺栓（带帽螺栓），如图 1、图 2 所示。

● 螺栓强度以小数区分，可分为 10 个等级

有些螺栓的螺帽上标有 6.8、8.8、10.9、12.9 等用来表示强度等级的小数。日本 JIS 标准将螺栓强度分为 10 个等级，见表 1。

小数点前面的数值是公称抗拉强度。6.8 表示螺栓抗拉强度为 600MPa（600N/mm²），12.9 表示螺栓抗

拉强度为 1200MPa。例如，某螺栓的强度等级为 6.8，M5 规格的粗牙螺纹，横截面积为 14.2mm²，则其最小拉伸荷载为 600MPa × 14.2mm² = 8520N。

小数点后面的数是降伏点值，表示在螺栓没有被剪断的情况下，由于拉力过大而使螺栓拉伸、无法复原的临界值。例如，强度等级为 6.8 时，只要应力不超过 600MPa 的 80%，即 600 × 0.8 = 480MPa，螺栓被拉伸后还可以复原。

● 螺栓的材质

就螺栓的材质而言，抗拉强度为 6.8 ~ 8.8 的螺栓使用的是 S45C 碳素钢，抗拉强度为 10.9 ~ 12.9 的螺栓多使用 SCM（铬钼钢），材质方面的内容请参考上一辑的连载内容。没有标记的螺栓抗拉强度在 400MPa 左右，材质为普通钢。

图 1 带有强度标记的六角螺栓（来源：米思米）

图 2 内六角螺栓（来源：米思米）

表 1 六角螺栓的强度等级与材质

强度等级	3.6	4.6	4.8	5.6	5.8	6.8	8.8	9.8	10.9	12.9
公称抗拉强度 /MPa	300	400	400	500	500	600	800	900	1000	1200
降伏点 /MPa	180	240	320	300	400	480	640	720	900	1080
材 质	普通钢等	普通钢等	普通钢等	普通钢等	普通钢等	碳素钢等	碳素钢等	SCM 等	SCM 等	SCM 等

● **用内六角扳手固定的内六角螺栓**

在固定六角螺栓时需要使用扳手，而固定内六角螺栓时需使用内六角扳手（艾伦扳手）。

对于使用六角螺栓，还是内六角螺栓，并没有明确的规定，可以根据工具是否适用和作业是否方便等进行选择。如果两者都适用，笔者建议使用内六角螺栓。因为内六角螺栓的材质几乎均为SCM（铬钼钢），很少像六角螺栓一样混有普通钢。

固定零件时使用的螺钉，多为一字螺钉或十字螺钉。由于螺钉紧固力小，使用蛮力拧紧时很容导致螺钉滑牙。这种螺钉不适用于载荷传导部位。

● **螺栓长度的选择**

与螺母配合使用时，螺栓的最佳长度为紧固后长出螺母 2 ~ 3 个螺距（图3）。如果过长，不仅浪费，还容易与其他零件发生干扰。

将螺栓拧入螺纹孔时，螺纹咬合长度为螺纹直径的 1 ~ 1.5 倍为宜。

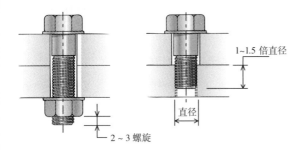

（a）螺母固定时 　　（b）螺纹孔安装时

图3　螺栓的最佳长度

■ **螺距区别：细牙螺纹与粗牙螺纹**

● **一般的螺距为粗牙螺纹**

螺栓和螺钉的螺纹分为粗牙和细牙两种。粗牙螺纹的螺距为标准型，细牙螺纹为窄螺距型（图4）。

在无特殊指定的情况下，螺栓为粗牙，M8以内的螺栓几乎不使用细牙。但是，M8以上的规格，M10螺栓的螺距为1.5mm，M12螺栓的螺距为1.75mm。从外观上，可以看见螺纹部分的凹凸区别是非常明显的。

● **螺距越大，强度越低**

螺距越大，螺纹越深，看起来好像强度更大。实际上，这种螺栓存在以下缺点。

图4　粗牙螺纹（左）与细牙螺纹（右）

① 螺纹旋转一周的进给量较大（导程角大），容易松动；

② 螺纹深，实质有效直径小；

③ 螺牙高，容易集中应力。

采用细牙螺纹可避免这些缺点。

● **承受载荷的部位应使用细牙螺纹**

汽车轮胎的固定螺栓等需要传导大载荷的部位，以及需要进行固定的重要部位，大多使用细牙螺栓。从外观上看，这种螺栓的螺纹凹凸很小，横截面积比同公称直径的粗牙螺栓大10%左右。

不过，其间距有1mm、1.25mm、1.5mm等多种类型，购买时需要指定M10×1.0、M12×1.5等具体信息。

■ **铰制孔螺栓**

● **轴径精度高，承受剪切载荷的能力强**

承受剪切载荷的部位应使用铰制孔螺栓。

铰制孔螺栓的特点是，螺杆部分比普通螺栓长，轴径精度高（图5）。但是，即使精度高，如果螺栓在孔中存在晃动就失去了意义，因此铰制孔螺栓与孔的尺寸完全相同，需使用外力将螺栓压入孔中组合使用。

其材质为非热处理的S45C（碳素钢），硬度不高，不易折断。

● **与铰制孔螺栓类似，但用途不同的轴肩螺栓**

铰制孔螺栓的螺纹部分的大径小于光轴部分，这样的螺栓可用于精确定位，可以起到销钉的作用。与铰制孔螺栓类似的有轴肩螺栓（Shoulder Bolt）、卸料螺栓（Stripper Bolt），但它们的用途与铰制孔螺栓不同，主要用于轴向受力的部位或可动部分。其硬度高，很容易折断。

图5 从左至右为铰制孔螺栓、标准螺栓、全螺纹螺栓
（来源：米思米）

螺 母

与螺栓相比，人们对待螺母比较随意。螺母不够时，只要有尺寸合适的螺母，就从其他部件上拆下来使用，或者在废弃螺母中找合适的使用。

与螺栓一样，螺母也分为结构用螺母与非结构用螺母。结构用螺母主要为S45C材质。强度要求高的螺母也会使用SCM材质，但并不常用。为了保证S45C能满足需求，设计时应注意，不要让螺母承受太大的载荷。

■ 自锁螺母

● 不会松动的螺母

为了防止螺母松动，最简单的就是与表面呈锯齿状的齿形垫圈或弹簧垫圈一起使用，但其防松动效果并不确定。

因此，在不允许松动的部位，应使用本身具有防松动结构的自锁螺母。自锁螺母分为U形螺母和尼龙螺母，可以在家居市场购买（图6）。

（1）U形螺母

这类螺母的头部安装有弹簧状金属板摩擦环，咬合螺栓的螺牙，起到防松动的作用。

这类螺母原本是申请了专利保护的，但现在专利已到期，在市面上可以找到很多类似的螺母，不过由于品牌太多，选择时也要谨慎。

图6 U形螺母（左）与尼龙螺母（右）
（来源：米思米）

（2）尼龙螺母

这类螺母以尼龙垫圈取代了摩擦环。尼龙垫圈受挤压变形后咬紧螺牙，通过产生的摩擦防止螺母松动。

● 不松动就是不能拆卸

上述两种螺母的防松动效果很好。但是，不松动就意味着不能拆卸。因此，过多地使用会影响到保养的方便性。

另外，由于其头部有防松动机构，因此比普通螺母高。将普通螺母换成这类螺母时，应留意是否有足够的安装高度。

■ 垫 片

● 没有增加锁紧力的效果

垫片（平垫片）的作用如下。

① 防止安装面划伤；

② 垫片本身的弹性形变可以分散安装面受到的压力。

很多人误以为加入垫片可以增加锁紧力（轴力），其实这种效果并不存在。

● 飞机上使用垫片的目的

作为题外话，笔者想要介绍一下飞机上使用垫片的目的。

（1）调整螺栓的长度

飞机上使用的螺钉为英制标准（Unified），长度为1/16in（约1.6mm）。《电动汽车 第2辑》的连载中曾提到，考虑到螺栓受剪切力的作用，螺栓长度是以安装孔中不留有螺纹为原则来设计的。

飞机使用的铝板厚度为0.8～2.0mm。前面也曾提到，超过螺母的螺纹长度应为2～3个螺距。因此，采用1.6mm螺距时，螺牙太粗，无法进行调整。这时，可使用1号螺钉，再加上厚0.8mm左右的垫片进行微调（图7）。

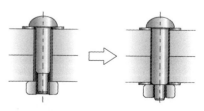

图7 调整螺栓长度时使用的垫片
螺栓较长时，可以使用多个垫片进行长度调节

（2）螺栓颈部的 R 角

仔细观察螺栓头部与螺杆连接部位，就会发现它们并不是直角，而是有一定弧度的。这是为了防止应力集中。使用垫片将螺栓抬高，可以使安装面不与螺栓颈部的 R 角发生干扰。

（3）防止电解腐蚀

飞机的蒙皮是铝制的，安装钢或不锈钢螺栓时，不同金属之间产生的电位差易引起电解腐蚀。为了防止这种现象，通常需要通过表面处理进行绝缘。除此之外，还可以使用电离度居中的物质（镉或者锌等）电镀后的垫片，通过镀层部分的电解腐蚀减少对主体部分的影响。

■ 弹簧垫片

● 与平垫片组合使用

为了防止松动，很多时候会同时使用弹簧垫片与平垫片（图 8）。

● 弹簧垫片的作用

关于弹簧垫片的作用，持否定态度的人也不在少数。

弹簧垫片的原理是，通过弹力使螺牙紧密接触，从而抑制螺栓松动。但是，弹簧垫片的弹力比螺母拧紧时产生的轴向力小得多。还有一种说法是，弹簧垫片与螺栓缝隙咬合使螺栓很难松动。但是，弹簧垫片的硬度和形状并没有明确规定，因此其效果也不确定。

假设出现了松动，但是弹簧垫片松动后还会持续提供张力，可以延缓螺母脱落。从这一点来看，应该说是有一定作用的。

● 不能用在飞机上

飞机设计中不使用弹簧垫片，而是使用自锁螺母、铁丝及销等，通过物理手段对螺栓进行固定。笔者通常也很少使用弹簧垫片。如果客户要求使用，笔者会在施加转矩的一侧（通常情况下是固定螺母，使用扳手拧动螺栓，因此是螺栓侧）的颈部放入弹簧垫片。

■ 紧定螺钉

● 无头螺钉

紧定螺钉没有螺帽，因其外观也被称为支头螺丝。

紧定螺钉用于从轴的侧面进行固定，是将链轮固定到轴上的最经济的方法（图 9）。

● 用于链轮固定

多数情况下，链轮上会预留紧定螺钉孔，有时候还会附带紧定螺钉。

但是，作为固定方法，紧定螺钉并不可靠。在汽车上使用时，紧定螺钉会因为震动而发生松动，需要与专用黏合剂（防脱剂等）配合使用。

另外，就算没有震动，受压部分也会逐渐凹陷，最好定期紧固紧定螺钉。

■ 键

● 防止链轮空转

紧定螺钉是对轴和孔进行固定的零件，但其锁紧力弱，会产生空转。因此，动力传导常使用被称为键的零件。使用键的前提是，轴与链轮上同时预留了键槽（图 10）。

● 选择键的注意事项

键比键槽短时，只要不脱落，是没有问题的。但是，键两端的形状有圆形和方形两种，要根据键槽的形状来选择键。

图 8　弹簧垫片

图 9　使用紧定螺钉对垫圈进行固定

图 10　键将轴转矩传递到链轮

螺丝以外的机构零件

■ 轴　承

● 轴承分为两类

轴承大致可分为以下两类。
- 滚动轴承
- 滑动轴承

● 滚动轴承——径向轴承

通常意义上的轴承是指滚动轴承（径向轴承），特指深沟道轴承（径向滚珠轴承），如图11所示。这种轴承既容易购买，又很便宜，是电机、轮毂等高速、大载荷部位必不可少的零件。

● 两个轴承之间需要安装隔离环

要注意的是，按照图12所示的方法使用时，轴的横向上受到较大的力（径向载荷）时，轴承内圈会发生脱落。这时，要在两个轴承中间安装隔离环。

市面上有与大小不同的轴承配合使用隔离环，如图13所示。最好选用钢质隔离环。铝质隔离环太软，使用螺母紧固时，若锁紧力过大，就会导致隔离环变形或损坏。

如果是从零开始设计，可以改变两端的轴承大小，避免使用隔离环。

● 滚动轴承——止推轴承

径向载荷过大时，应使用止推轴承，如图11所示。

径向轴承是内外环结构，而止推轴承是上下环结构。安装之前，上下环是分开的。

深沟道滚珠轴承可以承受径向载荷，而止推轴承完全不能承受径向载荷，因此要与径向轴承配合使用。同属于径向轴承的滚针轴承也不能承受径向载荷，使用时应注意。

● 滑动轴承的特征

① 尺寸比滚动轴承小；
② 温度适应范围大；
③ 同时适用于轴的直线运动和旋转运动。

如果载荷较小，可以在轴与孔之间使用聚缩醛树脂或氟代乙烯树脂制成的隔离环。载荷较大时，可以使用铜等金属制成且附着了润滑剂的隔离环。

滑动轴承受到的摩擦阻力比滚动轴承大，因此不适用于高速旋转部位。在转向轴支撑等低速、可动范围较小且在轴向上有滑动动作的部位，滑动轴承是不错的选择（图14）。

但是，比起滑动轴承，滚动轴承更便宜、简单，选型前应进行充分论证。

■ 铰链销

● 又叫合页销

顾名思义，铰链销为铰链（合页）的轴，用于连接部位，又叫合页销。如图15所示，其形状与一般合页的形状是不同的。

与铰制孔螺栓一样，铰链销的精度很高，可以传导剪切载荷。与铰制孔螺栓的最大不同是，铰链销不能用于零件之间的固定。

● 无法用于零件之间的固定

铰制孔螺栓可以像普通螺栓一样，用于零件的固定。但是，若使用铰链销固定，就会导致其连接的零件之间无法相对动作，轴向上需要留有一定的活动余量。与铰制孔螺栓一样，铰链销通常是未经过热处理的S45C材质。

■ 锁紧环

● 铰链销的锁紧零件

由于不能使用螺母对铰链销进行固定，为了使被

图11　径向轴承（左）与止推轴承（右）
（来源：米思米）

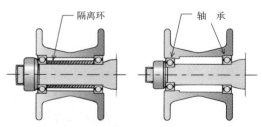

图12　轮毂两端装入轴承，轴承之间安装隔离环

图 13 隔离环示例
（来源：米思米）

图 14 卡丁车上的尼龙材质转向支撑

图 15 铰链销及其固定方法
（来源：米思米）

锁紧的零件不受轴向力影响，需要使用阶梯螺栓或锁紧环（图 15）等进行固定，以防止脱落。

业内对锁紧环的称呼有很多——弹性卡环、卡环、扣环……虽然叫法不一样，但都是同一种零件。它们都安装在铰链销的沟槽中，作用是防止铰链销脱落。

● 形状多种多样

尺寸较小的锁紧环呈 E 形，尺寸较大的呈 C 形。图 15 中间的锁紧环呈 C 形，也叫做 C 形卡环。

虽然锁紧环的结构非常简单，但基本上不用担心其脱落，除非人为拆除。安装时需要专用工具（卡环钳）。

■ 开口销

● 铰链销的锁紧件

将开口销穿过铰链销上预留的小孔后，使用钳子等折弯尾部，便能防止脱落。

但是，锁紧环和开口销一旦被拆下，原则上是不允许再次使用的。

● 锁紧环比开口销更便利

如果需要自制铰链销，笔者建议选择制作更便利的锁紧环。

安装锁紧环的沟道，可以使用钻床加工。但是，安装开口销的小孔的加工，要使用直径 2mm 左右的钻头，非常容易折断，而且需要在母线上进行加工，容易滑刀，加工难度大。

■ 轴

● 看起来只是一根金属棒，但是加工费时费力

由于轴本身具有一定的挠性，加工轴时，整体公差的控制非常困难，通常情况下只对必须保证精度的部位进行精密加工。

不仅如此，轴上还要进行钻孔加工、键槽加工、扳手卡入位置加工，这些部位都要进行平面加工。

虽然轴的端部加工看起来很简单（图 16），但是实际的加工成本非常高。

● 轴的材质

只要材料具有足够的强度，完全可以使用 SS400 或 S45C 的非热处理材料。成品轴中也有使用 SUJ2 钢，并经过高频淬火或镀铬处理的。

■ 轴承座

● 用来固定轴（承）

任何使用轴（承）的地方，都需要用轴承座进行固定。

根据固定方法，轴承座有两种：
• 紧定螺栓型
• 夹紧型（图 17）

紧定螺栓型轴承座相对便宜一些，但是如前所述，有可能发生松动。

夹紧型轴承座对轴（承）整体进行夹紧，可以获得可靠的固定效果，但是夹紧部分必须经过电火花加工，从零开始设计和制作的成本非常高。

● 轴承座的设置

轴承座一般成对使用，在安装轴之前应确保两个轴承处于同一轴线上。但是，除了轴承座，使用球面滚珠轴承（轴台）的，还可以进一步调节，很方便。而且还可以配合轴的挠度，减小轴的弯曲应力（图 18）。

在轴体需要转动的情况下，如前所述，一般使用滚动轴承，并使用轴环进行轴向固定。

卡死、烧结

为了减小晃动，应尽量减小轴与孔之间的间隙。这样一来，沙粒般大小的异物卡在里面时会导致轴无法动作。这时，如果强制轴转动，摩擦生热导致金属膨胀，发生分子级熔合，最终会导致彻底无法动作。这种现象称为卡死或烧结。

SUS304是非常容易发生卡死现象的材质。

笔者曾有过为客户修理SUS304材质M12螺栓卡死的经验。使用普通扳手完全不起作用，使用50cm加长杆强制拧动螺栓后发现，螺栓的螺纹全都被磨掉了。

破坏螺纹而产生的高温甚至会烧伤涂层，结果只能将整机带回工厂，重新进行钻孔。

为了防止这种现象的出现，应尽可能增大间隙，安装滑动轴承并封入润滑剂。另外，如果螺栓与螺母的材质相同，也很容易发生卡死。因此，可以通过热处理和更换材料，使其中一方的硬度增大，牺牲材质较软的一方，故意使之产生磨损。

轴环只与轴承的内圈接触，其头部已经过倒角。轴环也分为两类：

- 紧定螺栓型
- 夹紧型（图19）

想要获得更好的固定效果时，可使用轴承螺母。

● **轴承螺母的使用**

使用普通螺母也是没有问题的，但是如果尺寸不合适，就容易导致螺母同时锁紧轴承的内圈与外圈而使轴承无法转动，需要引起注意。此时，还应在轴承与螺母之间安装轴环。

使用专用轴承螺母（图20）时，可以避免上述问题。

但是，轴承螺母的螺纹间距非常小，不能以普通螺母替代。此外，安装和拆卸都需要使用专用扳手。

到目前为止提及的铰链销、轴、轴承座等，从零开始设计、制作的成本是非常高的。只要有合适的市售品，一般通过网店就可以买到，有利于降低成本。

笔者通常根据主要从事机械零件销售的米思米公司的商品目录进行选型，不但种类丰富，还可以通过订单指定参数，尺寸精度可达0.1mm。也可以对材质、

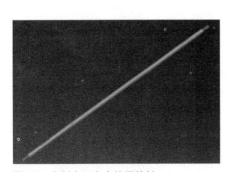

图16　木制卡丁车中使用的轴

图17　轴承座（夹紧型）
（来源：米思米）

图18　使用轴台调节同
轴度很方便

图19　轴　环
左为紧定螺栓型，右为夹紧型（来源：米思米）

图20　轴承螺母
（来源：米思米）

专栏B 球 结

《电动汽车 第2辑》的连载中曾提到，螺栓不能承受弯曲载荷。这一点也同样适用于球节。

以使用球节的轮胎保持方法为例。图B（a）所示为一般的双横臂式悬架，图B（b）为在迷你卡丁车上经常看到的实例。

看起来好像差别不大，但是作用在球节上的载荷完全不同。

在图B（a）所示的情况下，球节只承受拉伸或压缩载荷。而图B（b）中的球节基本上是固定的，会受到弯曲载荷。

球节基本上只能承受径向载荷。按图B（b）使用时，中间的球就会飞出，或者出现图B（c）所示的悬臂弯曲。这样，在高速行驶的赛车上，极易造成轮胎脱落而引起重大事故。因此，绝对不能按照图B（c）的方式使用。

但是，对于迷你卡丁车等小型车，在发生碰撞时该部位出现损坏，有利于减少对车体和乘员的伤害，可以起到类似保险杠的作用。

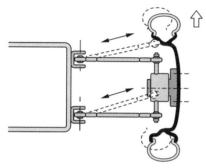 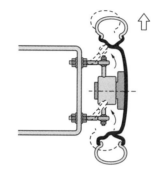 

（a）方程式赛车上使用的双横臂式悬架　（b）高速震动时，螺栓承受弯曲载荷　（c）螺栓发生弯曲

图B　使用球节的轮胎保持方法

表面处理等内容进行指定，不但节省了画图的时间，也可大大降低设计负担。

但是，米思米公司不向个人销售商品。因此，要通过自己所属的单位或学校进行采购，或者像笔者一样通过米思米的代理商购买。

■ 球节（杆端轴承、滑枕式滚珠轴承）

将球面轴承压入轴承座便形成了球节。

球节是汽车制造中不可缺少的部件（图21）。

图21　球　节
（来源：米思米）

● 悬架、转向机构、变速器链条机构

飞机的机翼连接机构、操纵杆、发动机的固定机构等都使用了类似的部件。

它分为公螺纹和母螺纹两种类型，网购价格非常便宜。但是，赛车、飞机上使用的都是高品质产品，价格很高，且在市面上一般是买不到的。

● 花篮螺丝

螺杆分为右螺纹和左螺纹（反螺纹）。顺时针旋转为拧紧的是右螺纹。对应的，球节也分为右螺纹和左螺纹，两者组合而成的就是花篮螺丝（图22）。

图22　木质卡丁车上的花篮螺丝的使用

在建筑施工现场，花篮螺丝主要用于钢筋的固定。但是在汽车领域，主要用在悬架、转向杆等需要调节杆长的部位。

花篮螺丝的一端为右螺纹，另一端为左螺纹，转动螺杆即可改变杆长。为了使用扳手拧紧，其端部断面一般设计为六角形。

另外，花篮螺丝很容易松动，通常采用双螺母配合使用。

■ 连杆球头

连杆球头与球节十分相似。球节的一端是公螺纹，其活动范围比球节大（球节为14°，连杆球头为40°），可用于转向杆等需要大范围活动的部位使用。

但是，连杆球头为非结构用零件。在悬架周围以及车架连接部位等承受较大载荷的部位，最好不要使用连杆球头，而应该使用球节。

表面处理

通常情况下，无论是金属，还是塑料材质的零件，都经过了表面处理。

车架等大型零件可以在后面的工序进行喷涂，但是小型零件以及运动零件需要在购买前指定具体的表面处理工艺。

■ 发黑处理

这是一种在钢件表面形成黑色氧化膜的工艺，是最经济、使用最广泛的金属表面处理方法。委托企业加工时，可以在图纸上写上"发黑"的注释。经过这种处理的零件散发着黑色光芒，其外观十分引人注意。但是，对经过发黑处理的金属件进行激光切割或电火花加工时，会导致表面出现烧灼痕迹，产生光泽不均的现象。

由于膜厚仅 1 μm 左右，因此适用于公差精度要求在微米级的零件的表面处理。不过，这种工艺的防锈效果并不突出，通常要使用防锈油。

■ 镀 锌

顾名思义，就是在钢件表面形成锌层。

这种方式常用于机械加工件。很多建筑材料和脚手架的钢管等都采用了镀锌工艺，但采用的不是电镀方法，而是将材料浸泡在高温熔融锌液中进行镀锌。镀锌的防锈效果不怎么好，锌本身受腐蚀后会发白，产生氢氧化锌，但是可以延缓钢件的腐蚀。

■ 镀 镍

镀镍的价格比发黑和镀锌高，但其耐腐蚀性、耐磨损性良好，经研磨后可以获得美丽的外观。

镀镍可以分为电镀镍和化学镀镍（无电解镀镍）两种方式。

化学镀镍比电镀镍的成本高，但更容易控制镀镍厚度，并且也可以用于金属以外的材料，如塑料零件的表面处理。实际应用中常用研发化学镀镍的公司的名称来表示这种镀镍方法。因此，化学镀镍也被称为 Kanigen 镀镍。但是，并不是所有的化学镀镍都等同于 Kanigen 镀镍，委托相关工厂镀镍加工前应进行确认。

■ 镀 铬

和镀镍一样，镀铬后的金属表面也具有光泽。特别是硬质镀铬，在外观和耐磨损性上都有着不错的表现，也被用于气缸等的滑动部分（EV 中不使用气缸）。

顺便说一下，由于残留的镀铬液有可能引起腐蚀，所以 FIA（国际汽车联合会）禁止在赛车的悬架等重要零件上实施镀铬处理。

■ 阳极化处理

● 加强铝的耐腐蚀性的阳极化处理

5052、6063 等铝材是不易腐蚀的材料（见第3辑），但是经过阳极化处理后，可以进一步提高其耐腐蚀性和耐磨损性。

阳极化处理本质上是母材表面形成氧化层，与电镀不一样。虽然也可以对铝质零件进行电镀，但阳极化处理更普遍。

除了透明（白色）和黑色，阳极化处理还可以对铝材进行各种颜色的着色，而且可以获得与喷涂不一样的质感，具有美丽的外观。

除了普通的阳极化处理，还有硬度更高的硬质阳极化处理，但一般情况下进行普通的阳极化处理就可以了。

专栏C 不必进行表面处理的零件

一般情况下，机加工零件都是涂了防锈剂或机油后发货到客户手中的。对于非频繁使用的零件或不要求美观的治具等，使用时不必擦掉上面的防锈剂或机油，还可以省去涂装。频繁使用的工具等，其表面常发生磨损，零件上的油或手上的油脂也会对其起到保护作用，也不需要特别进行防锈处理。

另外，太空中不存在氧气和水分，因此卫星等的金属零件上都没有以防锈为目的的基础涂装。为了尽量减少真空环境下从涂料中释放的气体，只会进行最小限度的涂装。

但是，也存在积极利用红锈的实例。

曾经，笔者在对某一装置进行保养时，发现了无法拆卸的螺栓。设计人员说是故意让螺栓生锈的。螺栓产生红锈时，锈的体积膨胀可以起到防松动效果。而且，公螺纹与母螺纹的咬合更紧密，可以防止水的侵入。

● 注意氧化层的厚度

要注意的是，氧化层的形成会导致零件厚度增加（10 μm 左右）。强制折弯零件会导致氧化层开裂，特别是硬质铝阳极化处理形成的氧化层，容易出现剥落，需要引起注意。另外，阳极化处理形成的氧化层具有绝缘性能，但是要注意锉刀或钻头等造成的氧化层损伤，必要时可进行修补。

■ 修 补

对于部分剥落的镀层和涂层等，可进行修补。虽然也有修补专用的镀液，但通常使用身边常见材料的情况较多。

（1）防锈喷剂

虽然它并不能用于表面处理，不过使用它是最简单的防锈处理方式。在家居市场就能买到我们熟悉的红色罐装防锈喷剂。不过，它的防锈效果是暂时的。另外，它有明显的除脂效果，如果用在链条或轴承等部位，就会导致必要的润滑油脂被清除，最终导致润滑作用变差和生锈。

（2）发黑剂

含有四氧化三铁成分的发黑剂，也可以在家居市场买到。使用它可以获得发黑处理效果，但是形成的涂层很厚，如果用在轴上，会导致轴径变大，影响轴承或轴承座的安装。

（3）油性笔

笔者推荐的更简单的方法就是使用油性笔。虽然其防锈效果一般，但是用来进行应急处理还是很方便的。使用它基本不会形成涂层厚度，但对于细小伤痕的处理有一定效果。

（4）湿底漆

在零件的配合面和螺纹部位涂上底漆，并在其干燥之前进行安装。硬化后，配合缝隙中充满的底漆可以阻止水分的侵入。另外，它还可以使配合的零件之间形成绝缘层，从而阻止零件之间产生电解腐蚀。而且，还具有一定的防松动效果。除了底漆，市售的涂层剂或防脱剂也具有同样的效果。

笔者介绍　　　　　　　　　　　　　　　　　**水岛徹**
轻型车设计者

1970 年出生于东京。虽然是学心理学的文科生，但从小的愿望就是成为超级汽车设计师。大学毕业后，进入设计专科学校学习。因勤工俭学时绘制过火箭试验用的夹具图纸，之后在航空航天领域工作了近 15 年。

由于在专科学校学习时就对 EV 有着浓厚兴趣，在自己家里和街道的小作坊里制作了为数不少的 EV。

3 年前辞去工作，目前主要从事小型 EV 的设计。

德国学生 EV 方程式的先进性

〔日〕狩野芳郎　玉正忠嗣　执笔 | 宋　煜　译

由学生自主设计制作赛车参赛的全日本大学生方程式大赛 EV 级别赛如今已举办到第三届了。然而，在 EV 发展如此迅猛的形势下，日本国内的参赛团队却一直未见增加。相比之下，德国的同类比赛中 EV 级别赛的参赛团队数量激增。确实，EV 级别和燃油级别有所不同，难以界定的规则（技术规则）、较高的门槛，使得不少人对 EV 比赛望而却步。因此，我们邀请大赛主办方和日本汽车工程师学会的专家学者，在这里进行技术讲解。本文将主要介绍有着良好学生参赛基础的德国学生 EV 方程式的发展状况，以及 EV 方程式的电气规范概要。

（编者按）

大学生方程式大赛概述

● 通过方程式赛车比拼"用心造物"的综合能力

为期 5 天的全日本大学生方程式大赛每年 9 月在静冈县 ECOPA 公园举办。大赛宗旨是学生自主构思、设计、制作方程式赛车，比拼"用心造物"的技术能力和综合实力。

来自日本国内外的 80 个参赛团队（参赛学生数：约 2000），和大约 200 名提供支持及审查的企业人员一同披星戴月，奋战五个日夜。

这项大赛起源于 1981 年，在美国举办的"Formula-SAE"。从那之后，每年世界各国也陆续开始举办类似的比赛。

● 2013 年新增的 EV 级别赛

全日本大学生方程式大赛每年向学生征集自主制作的两种级别的赛车：

① ICV（内燃机）级别，搭载 610cc 以下的四冲程发动机；

② EV（电动汽车）级别，电池可持续输出最大功率不超过 80kW，最大标称工作电压不高于 600V DC。自 2013 年起，EV 级别赛成为正式比赛常设类别。

然而，对日本学生们来说，EV 级别赛的技术门槛高、制作难度大，参赛团队数量始终未有增加（2015年为 9 支）。

为了保障驾驶员的安全，大赛官方制定了与市售车辆一样详细的安全标准。如果参赛车辆没有通过大赛官方的全面车检，是不允许开上赛道的。实际上，仅仅是车辆的设计、制造就已非易事，想要通过这个车检，更是难上加难。2015 年的 EV 级别赛，最终得以上道比赛的团队仅有 2 支。

● 本连载的目的与主要内容

为符合这些严格的开发要求，我们计划连载一系列关于 EV 开发的必备基础知识（遵循车辆开发计划）：

- 电机基础和动力性能分析
- 电池基础和模块构成
- EV 车辆布局
- 电气系统

连载文章由日本大赛主办方，日本汽车工程师学会全日本大学生方程式执行委员会 EV 工作组成员执笔。他们同时负责 EV 车检、技术咨询等传播活动。

衷心希望通过这些介绍，能够让更多人了解大学生方程式 EV 的技术基础，能够将更多人，不论是作为参赛团队、工作人员、赞助方，还是普通观众，带到大学生方程式的赛场上。

连载伊始，先向大家介绍一下德国学生的 EV 制作。

火热的德国大学生方程式车赛

笔者曾多次考察德国大学生方程式车赛（Formula Student Germany），现进行简单归纳介绍。

■ 向 EV 制作转型的国际赛

● 欧美大赛上的参赛 EV 数不断上升！

1981 年，美国举行的第一届 Formula SAE 赛事上只有 6 台参赛车辆。2015 年，在美国分两个赛场举行了比赛，参加比赛的 ICV 增加到 200 台，EV 也有 20 台。

始于 2006 年的德国赛是欧洲规模最大的比赛。当时，由于参赛团队众多，甚至无法让所有报名团队（来自德国以外的参赛团队也很多）出场。2015 年，包含排队等待（等待取消）而未能参赛的车辆，ICV 和 EV 共有 199 台之多（图 1、图 2）。

● 德国赛 EV 级别赛的参赛人数激增

德国自 2010 年起增设 EV 级别赛。如图 2 所示，EV 级别参赛车辆接近总数的四成，而 ICV 的参赛数几乎没有变化。在 2016 年 8 月举行的赛事上，官方称有 85 个团队提交了参加 EV 级别赛的申请（注册完成 40 个，排队等待 16 个，落选 29 个）。

■ EV 的行驶性能更胜一筹

不只是参赛数，在性能方面，EV 也大有凌驾于 ICV 之上的趋势。当然，由于标准不同，有人认为不应将二者作比。不过，EV 性能的逐年高速成长却是有目共睹的事实。

● 加速性能更优秀

2010 年获得首届 EV 级别赛冠军的斯图加特大学 EV 队，当时的加速纪录就力压 ICV 级冠军（表 1）。只可惜当时的 EV 级别整体成绩低于 ICV 级别。然而，情况变化得很快，从 2015 年的纪录来看，ICV 级别第 1 名的成绩甚至无法进入 EV 级别前 5 名。

起动时 EV 的输出转矩就占压倒性优势，之后凭借高精度牵引力控制[①]，EV 的加速性能得到了进一步提高。

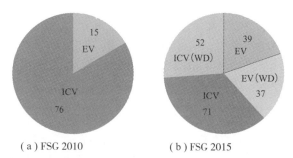

（a）FSG 2010　　　　（b）FSG 2015

图 2　德国大赛 的 EV 与 ICV 参赛台数
WD 为无法参赛的团队

图 1　2015 年德国大赛合影（Formula Student Germany 2015，© FSG15，Scheuplein）

① 当轮胎出现大幅侧滑时，主动减小动力，恢复路线的自动化控制系统。

● 抓地能力更出色

在溜滑赛道（8字形赛道）上，各级别前五名车辆的成绩，见表2。

2010年的大赛，EV级别首次登场，前两名勉强挤进ICV级别前五。但是，2015年的形势又如何呢？从ICV、EV的综合纪录来看，前五名中有4个EV团队，这种成绩让人不禁感慨：啊，EV真的强。

不过再仔细观察。

2015年的EV级别赛成绩并没有明显增长，为何ICV级别赛成绩整体大幅下滑？这是因为自2011年起，德国赛官方开始在溜滑赛道上洒水，使其处于浸水状态。而2015年记录的是湿滑赛道成绩。

● 湿滑赛道拉开了控制性能的差距

在湿滑赛道上，即便使用带有沟槽的雨胎，也无法获得光面胎疾驰在干燥路面的抓地力。轮胎会产生横向力和驱动、制动方向的纵向力，两者的合力取决于轮胎与路面的临界摩擦力，路面湿滑时，临界摩擦力下降，合力变小。

比如，驱动轮胎时，与无纵向力时相比，轮胎能够提供的横向力很小。所以，在极限过弯时，油门和转向配合稍有失误，就会导致车辆冲出赛道或漂移。

这导致2015年ICV级别的纪录与2010年相比不升反降。而EV级别的成绩非但没有明显下降，代尔夫特理工大学队的成绩还反而更好，这其中的差别正

是方程式EV的独特魅力所在。

■ EV级别冠军团队的技术实力

● 2015年的冠军EV采取了超小型设计

在2015年德国赛上夺冠的EV，是代尔夫特理工大学队制作的DTU2015。

该EV的最大特征是，继承了该大学2003年ICV团队的超小型车体。一体构造的CFRP底盘仅有17kg，前后轮毂间的扭转刚度达1400N·m/deg。四轮分别配置了最大输出功率为32.5kW的永磁三相同步电机，容量为7.2kW·h的电池组与逆变器控制器设置在驾驶位下方，车体两侧设置装有电池与电机冷却散热器，整车结构十分紧凑。

图3所示的车辆平面图展示了该EV的主要零部件配置，以及包含驾驶员在内的前后载荷分配。

● 德国赛冠军EV的性能

德国大赛冠军EV的整车质量为163kg，0~100 m/h加速时间为2.3s，最大横向加速度为2.5G，最高时速为127km/h。

（1）车辆控制VCU，电池管理AMS[①]

包括整车控制VCU（Vehicle Control Unit）、监视200个电芯的电池的健康状态（温度、充电状态）的AMSa在内，共有九大控制系统，分别设置在团队独立开发的27块印制板上。

表1 EV加速性能不断提升（直线加速，单位：s）

（a）2010年大赛			
EV		ICV	
斯图加特大学	3894	密歇根大学安娜堡分校	3975
茨维考应用科学大学	4152	慕尼黑应用技术大学	4057
苏黎世联邦理工学院	4258	瑞文斯堡大学	4084
赫特福德大学	5113	格拉茨大学	4096
埃因霍芬理工大学	5231	赫特福德大学	4144

（b）2015年大赛			
EV		ICV	
苏黎世联邦理工学院	3300	格拉茨大学	3897
慕尼黑应用技术大学	3558	帕多瓦大学	4056
代尔夫特理工大学	3579	斯图加特大学	4061
卡尔斯鲁厄理工大学	3598	格拉茨技术大学	4079
科瓦利斯州立大学	3759	卡尔斯鲁厄理工大学	4113

表2 EV的抓地性能更出色（8字形赛道，单位：s）

（a）2010年大赛			
EV		ICV	
斯图加特大学	5159	茨维考应用科学大学	5013
埃因霍芬理工大学	5233	俄克拉荷马大学（诺曼）	5093
苏黎世联邦理工学院	5295	施特拉尔松德应用技术大学	5177
茨维考应用科学大学	5469	安贝格应用技术大学	5195
代根多夫应用技术大学	5620	多伦多大学	5245

（b）2015年大赛			
EV		ICV	
代尔夫特理工大学	5071	科瓦利斯州立大学	5607
弗莱贝格工业大学	5478	斯图加特大学	5685
苏黎世联邦理工学院	5531	格拉茨大学	5821
卡尔斯鲁厄理工学院	5681	埃尔朗根大学	5832
斯图加特大学	5713	格拉茨技术大学	5860

---

① Accumulator Management System，蓄电池管理系统。德国大赛将电池组称为"Accumulator"。

通过团队开发的 AMS 系统,可以对电池 SOC(State of Charge,荷电状态）进行独立逻辑推算,并传输到驾驶舱,为驾驶员提供必要的信息。此外,该车辆还可以自由组合电池组,以满足不同的配置需求。

（2）四轮皆安装了 20000r/min 直驱电机 + 行星齿轮

4 个车轮皆安装了最高转速达 20000r/min 的高速响应电机,和独立开发的行星齿轮,实现直接驱动、制动。第一梯队的其他车辆也同样采用了这种独立开发轮毂电机配合行星齿轮的直驱模式。

（3）配备转矩矢量控制系统的姿势控制

由于四轮分别配置电机进行驱动,因此车辆要能独立控制各轮滑移率,使最大驱动 / 制动力与横向力的合力能够达到临界摩擦力。特此,配备转矩矢量控制系统,以调节车辆姿势,修正车辆偏航运动。实际上,这一系统已经在欧洲的高级车中实用化（Direct Yaw Moment Control,直接横摆力矩控制）。

凭借这些先进的自动化控制,车辆加速时的驱动力得以合理分配到四轮,确保其切实传导至路面,避免空转。正是这些控制策略,使得 EV 拥有了 ICV 无法比拟的优势。

● 对驾驶员能力的要求也在变化

笔者曾在 2012 年现场观摩过德国赛溜滑路面（实际上是湿滑路面）的比赛。与 ICV 不同,EV 驾驶员明显不需要进行频繁的方向修正和油门加减。即便在湿滑路面上,EV 机车也依然水花飞溅,轻松通过 8 字赛道。当时的情景,至今依然历历在目,深感震撼（日本溜滑赛道并没有浸水部分）。

图 4 是 2015 年 EV 赛车在湿滑赛道上疾驰的样子（引自 FSG 官网）。

● 控制电池容量,实现大电流充放电

为车辆提供动力的电池至关重要,但考虑到车体质量,盲目配置大容量电池的做法是不可取的。如何在车辆制动时高效回收能量,重复利用,从而减小电池配置容量,需要下一番功夫。

为了在短时间加速过程中产生的高于 10 倍额定电流的输出并在再生制动时以大电流充电,电机和逆变器以及电池需要通过风冷或水冷进行散热。

● 严格的设计审查

图 5 是 2012 年赛事设计审查情景,奥地利格拉茨技术大学队正在他们事先准备好的展板前,对设计的主要内容进行说明。

德国赛的设计审查十分严格,在审查当天,不同领域的 8 位审查员会用 1h 左右进行单独提问,团队方面的相关负责人必须充分准备、认真对待。

● 采用多个电机是趋势

在德国,凭借使用多个高性能电机,EV 开创了完全不同于传统内燃机车的新型车辆控制方式。2015 年德国赛上 EV 电机配置情况如下

- 后轮单电机驱动：10 台
- 后轮双电机驱动：21 台
- 四电机驱动：9 台

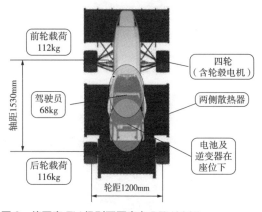

图 3 德国赛 EV 级别冠军赛车 DTU2015

图 4 在湿滑赛道上行驶的 DTU2015（©FSG15/Buck）

从 2013 年开始，这一比例几乎没有变化（图 6）。

特别是在加速性能和溜滑路面审查这两项的前 5 名里，2015 年大赛中仅有 1 台是双电机驱动机车，其余全部采用四电机驱动。

● **轻量化趋势**

以上项目前五名的车辆平均质量仅为 250kg，比当年大赛全部 EV 平均质量 274kg 轻了近一成。几年来，这一点也几乎没有变化。实际上，近年来的 CFRP 硬壳式车体四电机轻量化设计，成了领先团队进入最终阶段的通行证。再加上电机、电池组等主要部件的性能提升，车辆运动控制、能源管理等车辆性能方面的优化，都成了比赛中角力的关键。

图 7 是德累斯顿工业大学队的 EV 加速起步时的照片（引自 2015 年德国赛官网）。可以看出，车体是碳纤硬壳式结构，碳管悬架臂固定在铝架上，还可以看到车灯后方与轮毂电机、行星齿轮箱一体安装的冷却管。

■ **学生方程式 EV 的吉尼斯纪录**

学生方程式大赛有最大输出功率不得超过 80kW 的限制，使用大功率电机的团队参赛时不得不安装限速器。在大赛之外，通过取消限速、优化车轮控制、减轻驾驶员体重等策略，第一梯队的团队纷纷向百公里加速吉尼斯纪录发起挑战。

2013 年，代尔夫特理工大学队以 2.13s 的成绩，大幅缩短了之前一直由斯图加特大学队保持的纪录。2014 年，瑞士联邦理工学院苏黎世分校的 AMZ 团队凭借配置了 4 个 37kW 电机的 EV，以 1.785s 的成绩刷新了纪录。随后，2015 年 7 月，斯图加特大学 Green 团队再次以 1.779s 的纪录夺回 EV 百公里加速榜第一名，并保持到现在（图 8）。

在市售量车中，日产 GTR 的百公里加速用时为 2.7s，德国保时捷的油电混动超级跑车"918Spyder"的百公里加速用时为 2.4s。可见，上面的纪录多么夸张。

■ **赞助企业是大赛的强力后盾**

在聚集了赞助企业代表及大赛相关人员的德国赛 VIP 接待会上，一位大型赞助企业的人事负责人在致辞中提到，"没有比这里更容易找到汽车厂商所需各种人才的地方了，投资是理所当然的"。的确，通过大赛不仅能看到技术的创新，也能够看到人才的成长。

不仅是大赛组织者，企业也同样会在大赛前举办各种宣讲会、研讨会活动，为参赛团队提供技术支持。

图 5　设计审查情景
2012 年，格拉茨技术大学队在车体前展示

图 7　德累斯顿工业大学的轮毂一体型齿轮箱与轮毂电机
（© FSG15/Buck）

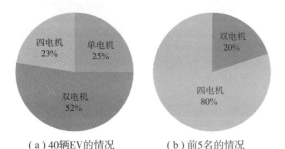

（a）40辆EV的情况　　（b）前5名的情况

图 6　2015 年德国赛中 EV 的电机配置数

图 8　吉尼斯纪录保持者：斯图加特大学 Green 团队的 EV
（© FSG15/Buck）

多渠道的支持得到了学生团队的积极响应。每届大赛，企业除了派出众多的员工参赛之外，也会在各自展位上开展技术研讨、企业说明等活动，这些活动常常会吸引众多学生。

以学生方程式EV为核心，从复合材料、电气系统，到车辆控制，几乎涉及先进汽车制造的全部基础技术。因此，本文的后半部分将主要介绍方程式大赛的规则，这有助于理解学生方程式EV车辆的结构和功能。

大赛规则与车检内容

■ 输出功率限制为 80kW

● 最大输出功率和日产聆风相当

关于输出功率，规定电池、电容器等动力源（规则中称为"Accumulator"）的最大输出功率不得超过80kW。

仅就输出功率而言，如果效率达到100%，电机输出的确和日产LEAF相当。不过，毕竟比赛用EV和量产车有很大区别，如果将质量超过1400kg的机车的输出功率放到只有200～300kg的方程式车上，动力一定十分强劲（图9）。

实际上，一些学生方程式赛车，在0-75m加速审查中的平均用时仅有3.3s，换算为平均加速度，已经超过1.1G。

● 未规定电机种类/个数，电池种类/容量

大赛并未对电机的种类、输出功率、个数，电池的种类、容量等内容做出规定。参赛团队可以自由选择、组合。

从单电机的后轮驱动型，到采用轮毂电机的四轮驱动型，各种组合的车辆在大赛中均有亮相。

一些团队一开始采用价格低廉的铅酸蓄电池，后来逐渐升级为昂贵，但能量密度、功率密度都很高（可以减轻整车质量）的锂离子电池。

● 最大可用电压限制为 600V DC

关于最大可用电压的规定，不同国家的大赛，要求也不尽相同，大致可以分为300V DC和600V DC两种。日本大赛采用的是600V DC标准。

对那些直流电压超过60V，交流电压超过$25V_{rms}$的车辆，大赛官方一般将其定义为高压电系统。以这种EV参赛的团队，出于电气安全考虑，需额外增加安全措施。

■ 不是简单连接起来就可以的

● 不像遥控车那么简单

油门踏板负责响应驾驶员的输入动作，电机控制器（逆变器）连接电池与电机，并根据油门踏板的输入动作给电机供电（图10），结构简单，看起来与很多遥控车类似。迷你四驱车则更加简单，电池和电机之间只有一个开关。

如果抱着不论车辆哪里出现问题都没有关系的心态，这样的配置是足够的。但放到由人来驾驶的学生方程式赛车上，就要具备车辆某部分失控时依然能确保驾驶员安全的设计。

● 学生方程式大赛规定采用 FMEA

将图10所示的结构的基础上实施FMEA[1]，在车辆某些部件发生故障时保障驾驶员人身安全。换言之，这是一个向着车辆更加安全状态发展的设计。

（a）车辆质量：1430～1480kg（日产聆风）

图9　同样是 80kW 的输出功率

（b）车辆质量：305kg

---

① Failure Mode and Effect Analysis，失效模式与影响分析。

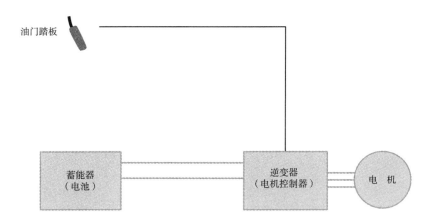

油门踏板

蓄能器
（电池）

逆变器
（电机控制器）

电 机

图 10　这样的结构虽然能让电机转动，但还远远不够

以提升安全性为目的的系统结构

● 依照规则设计

学生方程式大赛的规则，对影响安全性的核心项目都做出了明确的最低限度规定。图 11 就是完全按照规则设计的样本。

为便于理解，我将其分为 3 个主要部分进行讲解：
① 输出功率、车辆异常响应；
② 输入信号异常响应；
③ 高电压响应。

■ 输出功率与车辆异常时

● 停止并解除驱动系统高压

行驶或起动时，若车辆状态、输出功率异常，首先停车，解除驱动系统高压。许多参赛团队在车辆异常时往往会置之不理，让车辆继续行驶。但实际上，车辆状态、输出功率异常，这意味着车辆已经无法完全控制。正确的思路应该是尽快停车，减小机械的动量，从而达到降低系统电压的效果。

● 断开驱动系统继电器

大学生方程式大赛规定，通过断开驱动系统继电器，应该能够实现解除驱动力、降低驱动系统电压的效果。

驱动系统继电器[1]线圈的续流电路叫做停机电路，如图 12 所示。规则中规定，停机电路由 2 个主开关、3 个停机按钮、超行程开关、绝缘监测设备、惯性开关、制动系统可靠性设备[2]、电池管理系统及其他联锁装置构成。

（1）主开关

2 个主开关用于起动操作。此外，还用于车辆异常时断开驱动系统继电器。

（2）停机按钮

停机按钮是驾驶员或车外人员发现异常时使用的，共有 3 个（图 13）。其中一个设置在驾驶舱，便于驾驶员操作；另外两个分别位于车身左右两侧，便于车外人员（赛道工作人员、团队成员）操作。

（3）机械性异常的检测与开关

机械性（动态）异常，以刹车失灵、输出功率异常、发生碰撞等为主。

① 当超行程开关检测到刹车踏板行程过大，制动能力明显下降时，认定为刹车失灵。

② 针对输出功率异常，增加了 BSPD。当电机输出功率在 5kW 以上，且刹车踏板被强力踩踏时，BSPD 认定为驾驶员企图通过刹车停止电机因未知原因产生驱动力的行为。

③ 在车体受到 6～11G 冲击时惯性开关(图 14)打开。

---

① AIR：Accumulator Isolation Relay，蓄能器隔离继电器。
② BSPD：Brake System Plausibility Device。

（4）电气系统异常的检测与开关

电气异常主要体现在电池状态、绝缘电阻、高电压线路等方面。

① 关于作为电力来源的电池，电压和温度的监控，对于电池保养及故障判断十分重要。所有电芯的电压

及关键位置的温度要同步监控，并保持在数据手册规定的范围内。一旦超出范围，应及时关闭高压电系统，防止电池损坏。

② 作为触电对策，驱动系统与低压系统的对地（底盘 GND）绝缘电阻状态，需要使用绝缘监测设备（Insulation Monitoring Device，IMD）进行同步监控，

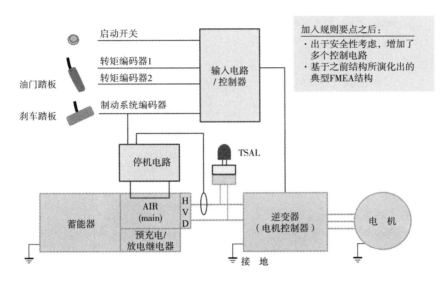

启动开关
转矩编码器1
油门踏板
转矩编码器2
制动系统编码器
刹车踏板

输入电路/控制器

加入规则要点之后：
· 出于安全性考虑，增加了多个控制电路
· 基于之前结构所演化出的典型FMEA结构

停机电路

TSAL

AIR (main)
HVD
蓄能器
预充电/放电继电器

逆变器（电机控制器）

电机

接　地

图 11　方程式 EV 需要这样的电气系统

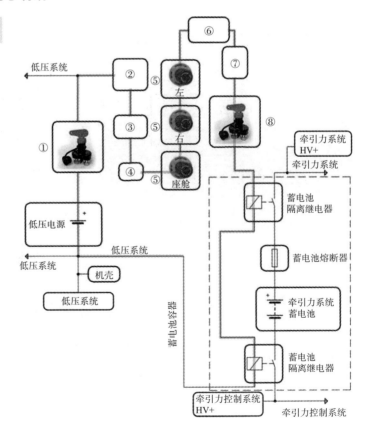

切断 AIR（高压系统主继电器）的机制：

① 低压系统主开关（GLV System Master SW）
② 制动系统可靠性设备（Brake System Plausibility Device）
③ 绝缘监测设备（Insulation Monitoring Device）
④ 冲击检测开关（Inertia SW）
⑤ 停机按钮（Shutdown Buttons，3个）
⑥ 电池管理系统（AMS，BMS）
⑦ 超行程开关（Brake Over-Travel Switch）
⑧ 牵引力控制系统主开关（AIR上游，Tractive System Master SW）
⑨ 其他联锁装置（HVD脱落、驱动系统连接器脱落、轮毂电机脱落……）

低压系统

⑥
⑦
②　⑤
左
③　⑤
右
④　⑤
座舱
⑧

牵引力系统 HV+
牵引力系统

低压电源

低压系统
机壳
低压系统

蓄电池隔离继电器

蓄电池熔断器

牵引力系统蓄电池

蓄电池容器

蓄电池隔离继电器

牵引力控制系统 HV+
牵引力控制系统

图 12　停机电路

133

低于 500 Ω/V 时执行停机操作（图 15）。

③ 发生驱动系统线路连接器断开，或轮毂电机脱落等情况时，可能导致高压系统端子漏电，这就要求设置联锁装置进行保护。

● 输入信号异常时，电机输出功率归零

当车辆输入信号异常时，在还未造成危害之前，须及时将电机输出功率归零，防止车辆失控造成严重后果。

由于输入信号会产生尖锐的噪声，导致车辆无法正常行驶，所以要设置多个传感器进行监测。

● 双重油门传感器

油门传感器是发出驱动力指令的基础，为了让电机输出功率与指令完全匹配，有必要进行失控监测。当两个传感器的输出值偏差在 10% 以上时，将被系统认定为异常，并使电机归零（图 16）。

另外，研讨会同时主张，当 2 个传感器的值出现偏差时，采用较小值。这样能够最大限度地避免失控。

● 同时踩刹车和油门时的对策

由于驾驶员的误操作，同时踩踏油门踏板和刹车踏板的情况时有发生。这时应优先响应刹车动作，学生方程式也应采用刹车优先设计。

在驾驶员做出刹车动作时，如果油门传感器监测开度达到25%以上，电机输出功率将被归零。左脚刹车、右脚油门的驾驶员（驾驶 EV 时这种操作几乎没有意义），如果油门踏板的开度不超过 25%，那么驱动指令被归零。

此外，解除刹车后也不要突然加速，在油门传感器处于5%开度以下时，驱动力归零的指令会持续生效。

如果进行刹车优先判定的刹车传感器发生故障，那么刹车优先功能就会失效。为此，还需要车辆能够检测刹车传感器故障，一旦发现故障，就将油门开度（对电机的指令）归零。

● 仅踩油门踏板不能起动

也有观点认为，对于驾驶员误操作导致突然起动

图 13　停机按钮的位置（来源：静冈理工科大学）
其中两个供车外工作人员使用，一个供驾驶员使用

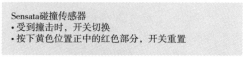

Sensata碰撞传感器
· 受到撞击时，开关切换
· 按下黄色位置正中的红色部分，开关重置

开关位置	连接
SET（BUTTON PRESSED AND RELEASED）	C-NC
FIRED	C-ND

图 14　惯性开关示例
来源：http://www.sensata.com/download/resettable-crash.pdf

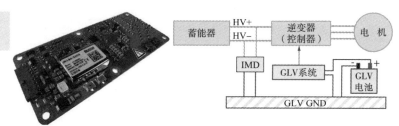

BENDER绝缘监视设备（IR155）
· 需改变绝缘电阻设定值以适应系统电压

图 15　绝缘监视设备（IMD）示例

的情况，应该采取仅踩下油门踏板而不进行其他操作时，车辆无法起动的策略。

普通车辆上，也有踩住刹车踏板的同时换 D 挡的要求。这样，驾驶员在踩踏刹车的情况下，即便发出了驱动指令，车辆也会自动启动 BSPD。

■ 驱动系统（高压系统）的应对

● 针对高压的各种应对措施

如前所述，大赛规则将电压超过 60VDC、25VAC_RMS 的系统定义为高压系统（驱动系统），要求采取对应的安全策略。通过设置各种警戒值，当出现故障时解除系统高压，可降低发生意外时的风险（图 17）。

● 通过预充电防止继电器触点熔化

要保证驱动系统继电器（AIR）任一触点发生熔化时，系统都可以迅速切断驱动电压。

触点熔化是大电流流过继电器触点时发热导致的，为保证驱动系统继电器安全，需要使用小电流提前升压，进行预充电。

另外，作为发生触点熔化时的应对策略，大赛规则要求设置可以通过人工干预进行物理切断的驱动系统线路 HVD[1]（图 18、图 19）。

● 5s 内解除高压的放电操作

还应设置有放电电路，以便在停机后 5s 内迅速降低系统电压，以解除高压。

● 高压电的可视化

通过安装高压电进入驱动系统的指示灯[2]，以及连接高压电通过电池箱继电器，进入车辆两侧的指示器（图 20）等，实现高压电的可视化。

● 高压系统部件接地

高压系统部件外壳等导电部分，必须同低压系统

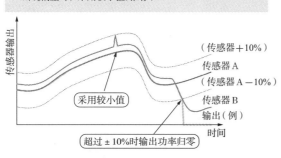

· 当两个传感器的输出偏差值大于10%时，电机输出功率归零（大赛规则）
· 出现偏差时，采用较小值（推荐）

图 16 双重油门传感器的方式

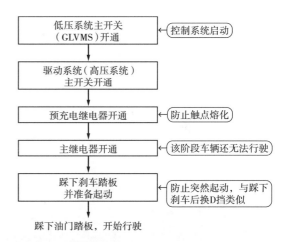

图 17 EV 的起动顺序

（a）辅助接点，接停机电路

（b）打开锁扣

（c）拔 出

图 18 HVD 示例（矢崎总业 SP200A）

---

① High Voltage Disconnect，高压快速接头。

② TSAL：Tractive System Active Light，牵引系统工作指示灯。

HVD设置在车辆后方显眼位置，方便在紧急情况下取出

图 19　HVD 应用实例

高压工作时设置在应答器下方的红色指示灯闪烁，水平方向360°可见

图 20　TSAL 的应用实例

接地进行低电阻连接。这样做的目的是，万一高低压电之间的绝缘电阻变小，高压系统和车架也能够达到等电位状态，只要驾驶舱中的驾驶员不接触车辆外部，就可以避免触电。

常常有团队认为，金属外壳由螺栓固定在车架上，不会出现问题。然而，涂装和机械紧固情况常会影响连接电阻。

所以，推荐使用专用粗电线实施低电阻连接，并统一经底盘接地。而且要特别注意，不要忘记对转向盘、开关等部位进行处理。

深入思考安全策略

●提交 ESF 文档的意义

不仅是车辆制作需要，大赛规则也同样要求每个团队提交 EV 电气系统设计文档（Electrical System Form，ESF）。

ESF 由停机电路、绝缘监测设备、碰撞检测开关、制动可靠性设备等众多要素构成，主要内容包括

- 设计思路和规格（Description/concept+Table）
- 线路和连接器规格（Wiring/cables/connectors）
- 安装位置（Position in car）

文档要在大赛开始之前提交。这些文档将成为电气车检的依据，所以其中内容必须与参赛车辆对应。

● 实施 FMEA 的意义

各队还需要对自己的车辆系统进行 FMEA 分析，并提交结果。

原本的形式是，各队根据自身车辆的组成要素进行故障模式定义、故障影响分析、故障评估、改进方案论述。

不过，学生方程式大赛官方已经对车辆的组成要素和故障模式做出了定义（有 106 个之多），各队只需要考虑这些故障的发生场景及对自己车辆的影响。如果按照大赛规则进行设计，那么几乎所有故障都有成熟的应对策略。

电气车检

● 电气车检的目的

电气车检是根据 ESF 内容进行的审查，检查车辆是否达到规则的要求，能否按照规则运行。具有代表性的审查项目如下。

● 静态驱动系统审查项目

在驱动系统未启动的状态下，确认以下内容。

① 从电压、电流、输出功率的角度来看，模块、线路、连接器等的布局与整个高压系统是否匹配。

② 电池箱及其内部结构是否符合规定。

由于电池中储存着大量电能，因此大赛对其耐冲击程度有着严格的规定。当电池箱遭受前后 40G、左右 40G、上下 20G 的冲击时，需确保箱体不被损毁，内容物保持固定。

另有观点认为，为了降低电池的风险，应将箱中的电池分割成最大 6MJ（1.6kW · h）、120V 的模块。

③ 电池管理系统是否符合规定。

④ 低压系统接地与高压系统绝缘电阻是否符合规定值（500 Ω/V）。

⑤ 防火墙是否可以隔离驾驶员和驱动系统高压。

⑥ 是否有需要驾驶员操作的导电部件距驱动系统（高压）100mm 以内，该类部件是否已与接地低压系统低电阻连接。

● 驱动系统启动审查项目

以上检查合格后，在驱动系统启动的状态下继续确认以下项目。

⑦ 停机电路是否正常运行。

确认除电池管理系统以外所有会触发停机电路的信号。

遗憾的是，当日在现场观摩时，受测 EV 的驱动系统继电器（AIR）发生了触点熔化。在多次手动依次打开预充电继电器和主继电器的过程中，可能会产生各种误操作。虽然没有明确规定，但笔者认为有必要设计一套电路：当系统重启时，若未进行预充电，将无法打开主继电器。

⑧ 油门传感器、刹车传感器的失效检测及故障处理是否合理。

⑨ 绝缘监测装置是否按照既定绝缘电阻值运行。

⑩ BSPD 是否正常运行。

虽然有些团队希望通过实操再现踩油门的同时踩刹车的情况，但一般的测试方法是，通过电流表检测电池的电流输出，模拟相当于 5kW 的伪信号输入电机。当判断电路认定为电路正以 5kW 的输出功率运行时，再使用刹车进行测试。因此该项检查需准备相当于 5kW 的伪信号发生装置。

⑪ 遇水状态是否正常（淋雨试验）。

考虑到行驶过程中可能遇到的降雨情况，需要确认车辆在淋水状态下也能保持绝缘。将车辆的驱动轮设置为悬浮状态，启动驱动系统（高压系统）。模拟降雨淋水 120s 之后，放置 120s。在此期间，若 IMD 启动或绝缘电阻值下降，则被视为不合格。若系统能保持启动状态，则视为合格（图 21）。

机械车检（技术车检）

除了电气车检，EV 机车还要同燃油汽车一样，通过一系列机械系统车检。经过质量测量、倾斜审查之后，还要进行刹车审查。

倾斜审查中需要确认车辆处于 45° 倾斜状态时，油、水及各种液体不会泄漏；60° 倾斜时不会发生侧翻。由于车体处于 60° 倾斜时相当于受到 1.7G 的横向力，所以在设计时要将电池等重物设置在低位，降低重心高度。

经常会看到为刹车审查犯难的 EV 团队。规则中规定，车辆加速后刹车，四轮锁死即为合格，但对 EV 机车来说，偶尔也会出现未锁死的情况。这主要是因为 EV 比燃油车更重，没有离合器的 EV，车轮会受电机转子的旋转惯性的影响。因为刹车时需要关闭驱动系统，且不能使用再生制动，所以 EV 的机械制动能力确实有待加强。

模拟降雨淋水120s之后，放置120s。期间绝缘电阻未下降、TSAL 指示灯亮起为合格。

图 21 淋雨试验的情景

笔者介绍

狩野芳郎

神奈川工科大学　汽车系统开发工程系助教

1995 年首次接触方程式赛车，之后于日本汽车工程师学会关东支部成立了协作小组，于 2000 年和首支日本大学生队一同出征美国大赛。

玉正忠嗣

日产汽车综合研究所　高级研究工程师

曾任职车辆研究所、研究企划部、EV 系统研究所等多个部门。

1993 年，以澳大利亚太阳能车比赛为契机，参与开发了许多电动汽车。

2012 年，被任命为全日本大学生方程式 EV 级别赛负责人。